SICHTBAR

SICHTBAR

WER NICHT AUFFÄLLT, FÄLLT WEG!

HERMANN SCHERER

Weil Du es wert bist, gesehen zu werden!

Liebe Lesende, aus Gründen der besseren Lesbarkeit bei Personenbezeichnungen und personenbezogenen Hauptwörtern habe ich in diesem Buch größtenteils die männliche Form verwendet. Entsprechende Begriffe gelten im Sinne der Gleichbehandlung aber grundsätzlich für alle Geschlechter und beinhalten keine Wertung.

Ghostwriterin: Mirjam Saeger
Umschlaggestaltung und Satz: Christina Pörsch
Umschlagbild: Nedjo Radic
Umschlagmotiv: © Shutterstock, Pikovit
Lektorat, Korrektorat: Ursula Beth
Druck: Keey GmbH

www.hermannscherer.com

»

**AUFMERKSAMKEIT
IST DIE WÄHRUNG
UNSERER ZEIT.**

Inhaltsverzeichnis

Inhaltsverzeichnis

Inhaltsverzeichnis

Inhaltsverzeichnis

Vorwort

Vorwort

Stell dir vor, du wärst unsichtbar. Jeden Tag, jede Stunde und jede Minute deines Lebens. Genau so wie Harry Potter, wenn er seinen Unsichtbarkeits-Umhang anhat, verborgen vor der Welt, nicht zu sehen, nicht zu hören und nicht zu riechen. Wie würde dein Leben aussehen, so ganz unsichtbar?

Wahrscheinlich erscheint dir diese Frage seltsam, denn schließlich bist du sichtbar, und das seit deiner Geburt. Sobald du das Licht der Welt erblickst, bist du nicht mehr im Bauch deiner Mutter verborgen, nein, alle um dich herum sehen und hören dich (und manchmal riechen sie dich auch). Nicht nur deine Eltern, sondern auch zahlreiche andere Menschen: Hebammen, Ärzte und Geburtshelfer.

Strampelnd und schreiend machst du dich bemerkbar, lautstark und ohne Scham. Obwohl du verschrumpelt und zerknautscht auf diese Welt kommst, bist du für deine Eltern das schönste Baby der ganzen Welt und wirst inspiziert, gewogen, gebadet, betrachtet und fotografiert. Das Ereignis deiner Geburt wird schon bald schwarz auf weiß im Geburtenregister festgehalten und stolz zeigen deine Eltern dich herum. Jedes Bäuerchen und jeder Pups werden kommentiert, dokumentiert und eruiert. Wenn du etwas willst, machst du dich lautstark bemerkbar, forderst ein, was dir zusteht und das ohne Rücksicht auf Verluste. Instinktiv weißt du: Um zu überleben, musst du sichtbar sein, Bescheidenheit ist fehl am Platze. Du wächst und gedeihst, lächelst und schreist und machst dir keine Gedanken darüber, ob du auf Fotos fett aussiehst. Wozu auch? Babyspeck ist niedlich und niemanden stören deine Rollen.

Macht dir deine enorme Sichtbarkeit in diesem Moment etwas aus? Vermutlich nicht. Ich zumindest erinnere mich nicht mehr daran, ob ich damals etwas dachte wie: „Fotos bitte erst, wenn ich gebadet wurde“, oder: „Schrei nicht so laut, Hermann, du könntest jemanden stören.“ Dass ich Hermann heißen sollte, erfuhr ich zwar erst später, doch ich habe vom Moment meiner Geburt gespürt: Ich bin etwas Besonderes. Ein wunderbarer Mensch: sichtbar, spürbar, hörbar, erlebbar – genau wie du.

Irgendwann fängst du an zu krabbeln und zu laufen. Zuerst wird deine neugewonnene Mobilität begrüßt und dein erster Schritt gefeiert, doch bald bekommst du zu hören: „Nicht so schnell. Lauf nicht weg. Bleib hier.“ Unbewusst wird dir klar, dass deine kindliche Entdeckerfreude unerwünscht ist. Verstehen kannst du das zwar nicht, doch du fügst dich Macht und Wünschen der Erwachsenen, mehr oder weniger freiwillig. Auch deine ersten Worte werden anfangs noch freudig kommentiert, doch einige Jahre später heißt es:

„Halt mal die Füße still.“
„Warte, bis du dran bist.“
„Sei bescheiden.“

Die Erziehung durch deine Eltern und dein Umfeld schlägt erbarmungslos zu. Eine Erziehung, die, zumindest bei den meisten von uns, eher auf Konformität und Unsichtbarkeit anstatt auf Entdeckerfreude und Sichtbarkeit ausgelegt ist. **Was sollen die Leute denken?** Dieser Satz, den viele von uns seither verinnerlicht haben, hält dich fortan zurück. **Kein Satz hat wohl mehr Träume zerstört als dieser.**

Du wächst mit diesen Unsichtbarkeits-Sätzen, ich nenne sie gar Mantras, auf und nimmst sie mit in dein weiteres Leben. Die Schule verstärkt sie tagtäglich. Melden ja - aber nur dann, wenn die Lehrer es möchten. Reden ja - aber nur dann, wenn du aufgerufen wirst. Herumlaufen ja - aber nur in der Pause. Hältst du dich nicht an die Regeln, bist du für das Schulsystem „zu" sichtbar und bekommst einen Stempel aufgedrückt: Stört ständig den Unterricht, ADHS oder muss nachsitzen. Also passt du dich an und machst dich klein, regulierst Lautstärke und Entdeckerfreude und hüllst dich in deinen Unsichtbarkeitsumhang. Dort bist du sicher.

Diejenigen von uns, die noch dagegenhalten und sich trotzdem sichtbar machen, werden als Querulanten verschrien und haben es schwer. So ist das System bis heute: Sichtbar darfst du zwar sein, doch nur in Maßen und immer schön normenkonform. Du lernst mehr und mehr, mit angezogener Handbremse zu leben und, das ist das Traurige daran, es kommt dir völlig normal vor.

Du siehst also, sichtbar sein ist gar nicht so einfach, zumindest sind die Voraussetzungen, die wir seit unserer Geburt dafür mitbekommen haben, alles andere als optimal. Kein Wunder, dass es vielen von uns so schwerfällt, uns zu trauen, so zu sein, wie wir sind. Authentizität ist ein Zauberwort, das in diesem Zusammenhang häufig strapaziert wird, doch dazu später mehr. Vorläufig arrangierst du dich mit deiner Konformität, dem System, deinem Umfeld, deiner Unsichtbarkeit und richtest dir, den Umständen entsprechend, dein Leben ein. Vielleicht schielst du manchmal auf die Lauten, die Unbequemen, die Sichtbaren und findest sie entweder faszinierend oder lehnst ihr Verhalten ab, je nachdem, wie stark die Glaubenssätze deiner Erziehung in dir verankert sind.

So lebst du dein Leben, angepasst und weitestgehend unsichtbar, und es fällt dir nicht einmal auf, schließlich machen alle das so. Irgendwann wächst allerdings der Wunsch in dir, eine Partnerin oder einen Partner zu finden und egal, ob du im echten Leben jemand suchst oder auf einer Online-Dating-Plattform deinem Glück auf die Sprünge hilfst: Um dort überhaupt wahrgenommen zu werden, musst du dich zeigen und früher oder später kommst du um ein Treffen im echten Leben nicht herum. Auch um einen Job zu bekommen musst du dich sichtbar machen. Ohne schriftliche Bewerbung, gekrönt von deinem Foto, wirst du nicht zu einem Bewerbungsgespräch eingeladen. **Sichtbarkeit ist also plötzlich ein Thema in deinem Leben** und du springst über deinen Schatten, schließlich hast du Ziele: Du möchtest nicht mehr allein sein und du wünschst dir einen spannenden Job. Je nachdem wie dein Ergebnis der Versuche sichtbar zu sein ausfällt, gelingt es dir an dieser Stelle, deinen imaginären Unsichtbarkeitsumhang zumindest zeitweise abzulegen, weil du merkst, dass die Sichtbarkeit doch gar nicht so schlimm ist, wie du gedacht hast. Oder eben nicht, was dazu führt, dass du ihn noch fester um dich ziehst als vorher.

Gehen wir einmal davon aus, dass du einen Job ergattert hast. Erneut stellst du dir die Frage: Wie wird dein Handeln sichtbar? Wenn du all deinen Fleiß, deine Qualitäten und deine Arbeitsergebnisse nicht sicht- und erlebbar machst, ist die Wahrscheinlichkeit groß, dass du dein Leben lang auf der Stelle trittst, und zwar ohne, dass du befördert wirst, dich veränderst oder weiterentwickelst. Machst du dich selbstständig und hast eine besondere Idee oder Botschaft, kommst du um Sichtbarkeit erst recht nicht herum, denn was nützt es, gut zu sein, wenn keiner es weiß? Was bringt es dir, besser zu sein als andere, wenn diese sichtbarer sind als du? Wer nicht sichtbar ist, der findet nicht statt.

Um deine Ziele zu erreichen, egal in welchem Bereich, musst du dich also sichtbar machen – und das nicht nur einmalig, sondern jeden Tag von früh bis spät. Ohne Sichtbarkeit kein Date, kein Bewerbungsgespräch und keine Kunden. Zwischen Sichtbarkeit und wirtschaftlichem Erfolg besteht eine Korrelation und in diesem Zusammenhang dreht sich nun das Blatt: Diejenigen, die auf dem Markt am lautesten schreien, werden gehört. Diejenigen, die sich und ihre Leistung sichtbar machen, werden wahrgenommen. Die Stillen, Leisen, Systemkonformen, die „braven Schüler" haben das Nachsehen.

Vielleicht denkst du bis hierhin noch, dass dieses Thema dich nicht betrifft. Du hast das in deinem Leben, was du brauchst und bist dort, wo du bist, eigentlich ganz glücklich. Du arbeitest in einem normalen Job für normales Geld und gehst normalen Hobbys nach. Dein Leben plätschert vor sich hin und du bist durchaus zufrieden damit, nicht allzu sichtbar zu sein – zumindest warst du das bis heute. **Doch du merkst immer mehr, dass noch mehr in dir steckt. Da ist noch ein Funke, eine Erinnerung an das, was du dir selbst versprochen hast, als du auf diese Welt gekommen bist.** Eine Erinnerung an etwas Außergewöhnliches, Schönes, Aufregendes und Wundervolles. Etwas, das hinaus will in diese Welt. Doch gleichzeitig spürst du auch Angst. Angst vor deiner eigenen Größe und Sichtbarkeit und damit einhergehend der Bewertung anderer Menschen. Was denn wohl die Leute denken werden?

Ich kann diese Ängste absolut nachvollziehen, denn auch ich hatte sie – alle.

Im Wort S-ICH-tbarkeit ist das Wörtchen „ICH" enthalten. Ganz gleich, was du tust oder nicht tust, Menschen drücken dir einen Stempel auf und bilden sich ein Urteil über dich. Selbst wenn du über das

Wasser läufst, gibt es immer noch Leute, die sagen: „Der ist zu blöd zum Schwimmen". Recht machen kannst du es sowieso nie allen und Menschen ordnen dir Begrifflichkeiten und Eigenschaften zu, und das schon nach wenigen Millisekunden. Ob diese wahr sind ist unerheblich, es ist das, was diese Personen in dir sehen. Stempel wie: „Der Schnelle, die Lösungsorientierte, der Pragmatische, die Erfinderische, die Träge, der Sprachlose, die Quasselstrippe, der Langweilige" stecken dich in eine Schublade. Es ist völlig egal, welche Eigenschaften du hast und welche Botschaft du aussendest, entscheidend ist, was bei deinem Gegenüber ankommt! Gerecht ist unsere Gesellschaft dabei nicht. Wenn du also sowieso bewertet wirst, ganz gleich wie du agierst, dann kannst du doch direkt das machen, was du möchtest und dich sichtbar machen, und das ganz ohne Angst davor „Was denn wohl die Leute denken", oder nicht?

Folgenden Hinweis gebe ich den Teilnehmenden meiner Seminare gerne mit: **Bekanntheitsgrad hebt Nutzenvermutung,** denn der Bekanntheitsgrad einer Person oder Idee schlägt deren Nutzenvermutung. Das Resultat: Bekanntere Menschen werden schneller, häufiger und zu besseren Tagessätzen gebucht als unbekannte. Sichtbare Menschen werden mit ihren Ideen ins Fernsehen eingeladen, die Ideen unsichtbarer Menschen verkümmern in der Schublade. Prominenz schlägt Kompetenz, obwohl Prominenz an sich wahrlich keine Kompetenzeigenschaft ist. Es ist eher eine Sichtbarkeitseigenschaft, die häufig so dominant ist, dass sie kompetenteren Menschen den Weg zum Ziel versperrt.

Sei dir gewiss, der Platz, den du erobern möchtest, sei es bei der Partnerwahl, im Job oder im Kopf deiner Kunden, ist häufig schon belegt – von jemandem, der sichtbar ist. Wenn du ein gutes und schönes Leben führen möchtest, dann ist Sichtbarkeit ein entscheidender Faktor zum wirtschaftlichen Erfolg. Unsichtbarkeit macht es dir in allen Bereichen deutlich schwerer, wenn nicht unmöglich, deine Ziele zu erreichen. Selbst ein Bettler benötigt Sichtbarkeit. Derjenige Schnorrer, der sich an exponierter Stelle mitten in die Stadt setzt und durch eine besondere Aktion auf sich aufmerksam macht, hat abends mehr Geld im Hut als derjenige, der still im U-Bahn-Schacht vor sich hinvegetiert.

Leistung wird erst dann zum Wert, wenn sie verkauft worden ist und Leistung kann erst dann verkauft werden, wenn sie gesehen wird! Es reicht nicht aus, gut zu sein, du musst diese Qualität auch sichtbar machen. Alle Menschen dieser Welt, die etwas verändern wollen, egal ob Politiker, Menschenrechtler oder Umweltaktivisten, und egal ob mit positiven oder negativen Intentionen, haben etwas gemeinsam: Sie sind sichtbar.

Und obwohl viele Menschen inzwischen verstanden haben, dass Sichtbarkeit notwendig ist, fällt es ihnen immer noch schwer, sich zu zeigen. Sie bleiben lieber unter dem Unsichtbarkeitsumhang, dort, wo es vermeintlich sicher ist, so wie damals in Mamas Bauch.

Mit diesem Buch werde ich dich dabei unterstützen, deinen Unsichtbarkeitsumhang dauerhaft abzulegen und deine Botschaft und deine Fähigkeiten hinaus in die Welt zu tragen. Du sollst deine Ängste erkennen, benennen und besiegen und deine Zweifel auf den Mond schießen! Ich möchte, dass du erkennst, wie wichtig es ist, dass du sichtbar wirst, auch wenn du das im Moment noch nicht glauben magst. Ich möchte, dass du erkennst, dass alles, was du benötigst, bereits in dir steckt und ich möchte, dass du dich mit all deinen Fähigkeiten, Botschaften und auch Macken mutig der Welt zeigst. Dafür bin ich angetreten.

Übrigens, laut Wikipedia bedeutet Sichtbarkeit nicht nur visuelle Wahrnehmung, sondern bezeichnet in der Astronomie die Zeitspanne zwischen Auf- und Untergang eines astronomischen Objektes. Also lasse dein Licht astronomisch hell strahlen! **Denn du hast viel zu geben, bist einzigartig und kannst mit deiner Sichtbarkeit vielen Menschen ein Licht in der Dunkelheit sein.** Ein Licht, das wir heute mehr denn je brauchen. Ich freue mich, wenn ich dich ein Stück deines Weges begleiten kann.

Dein Hermann Scherer

DIE SICHTBARKEIT UND ICH

Die Sichtbarkeit und ich

In meinem Leben hat Sichtbarkeit immer eine große Rolle gespielt, auch wenn ich zu Anfang eher unsichtbar war, so wie viele andere Menschen auch. Als Kind war ich schüchtern, leise und wollte nicht auffallen, heute kaum zu glauben, ich weiß. Als kleiner Junge traute ich mich nicht, mit fremden Menschen zu sprechen. Ich hatte schlicht und ergreifend enorme Angst davor, vermied es, so gut es ging und kam meistens irgendwie damit durch.

Eines Tages, ich muss ungefähr acht Jahre alt gewesen sein, war ich allein unterwegs und spät dran, wie spät, war mir allerdings nicht klar. Meine Mutter hatte mir eingebläut, um vier Uhr nachmittags zu Hause sein, denn es sollte Schokoladenkuchen geben und das wollte ich auf keinen Fall verpassen – diesmal nicht. Ich erinnerte mich noch gut an die Schimpftirade, die einige Wochen vorher auf mich niedergeprasselt war, als ich eines Nachmittags – deutlich später als abgesprochen – zuhause angekommen war. Pünktlichkeit tat also diesmal unbedingt Not, doch dummerweise war mein Zeitgefühl noch nicht sehr entwickelt, wie wohl das der meisten Kinder. Ich wusste also nicht, wie spät es tatsächlich war. Zumindest eins aber war mir klar: Der Nachmittag war schon deutlich fortgeschritten, denn die Sonne stand nicht mehr mittig am Himmel und ich überlegte kurz, auf direktem Weg nach Hause zu laufen, um jeglicher Diskussion aus dem Weg zu gehen. Doch andererseits war so schönes Wetter und der Park lockte mich mit all seinen Büschen und Verstecken. Vielleicht war doch noch etwas Zeit, um den Nachmittag weiter draußen zu verbringen?

Ich war hin- und hergerissen zwischen meiner Freiheit, drohendem Ärger und dem Schokoladenkuchen. Also stand ich am Weg, trippelte in meiner Not von einem Fuß auf den anderen und öffnete mehrmals den Mund, um Passanten anzusprechen, doch im letzten Moment verließ mich immer wieder der Mut. Männer und Frauen hasteten an mir vorbei, solange, bis ich es nicht mehr aushielt, meine Schultern straffte und all meinen Mut zusammennahm, um mit klopfendem Herzen und piepsiger Stimme einen nett aussehenden Herrn zu fragen, wie spät es denn sei. Der Mann lächelte mich freundlich an und reckte mir seine analoge Uhr entgegen. Doch ich konnte die Uhr damals noch gar nicht lesen! Jetzt hatte ich mich schon getraut, jemanden anzusprechen, doch damit war mein Mut erschöpft und zuzugeben, dass ich die Uhr gar nicht lesen konnte, das überstieg in dem Moment meine Vorstellungskraft. Also nickte ich nur und stammelte ein leises „Dankeschön“, drehte mich auf dem Absatz um und lief nach Hause. Ob die Schokoladenkuchenzeit nun gekommen war oder nicht, wusste ich zwar immer noch nicht, doch das war mir nun egal. Ich hoffte, noch ein Stück des Kuchens und keine Standpauke abzubekommen.

In der Schule meldete ich mich kaum. Ich hatte Angst davor, die Hand zu heben, vom Lehrer und den Mitschülern gesehen zu werden oder noch schlimmer, drangenommen zu werden, denn dann hätte ich antworten müssen und mich blamieren können. Melden bedeutete für mich: gefragt werden, **Antworten geben müssen und damit das bewusste Risiko einer falschen Antwort und Blamage eingehen.** Lieber sagte ich also nichts als das Falsche. Still in der Ecke zu sitzen war aus meiner Sicht die beste Möglichkeit nicht aufzufallen und ich vermute, wenn mich niemand angesprochen hätte, hätte ich wohl meine gesamte Schulzeit schweigend verbracht.

Während ich also täglich still in der Ecke saß und hoffte, nicht drangenommen zu werden, sehnte ich mich schon morgens nach dem Klingeln der Schulglocke danach, wieder nach Hause zu können, um dort dem nachzugehen, was ich am liebsten tat: Micky-Maus-Hefte anschauen und lesen. Ich verbrachte meine Kindheit mit Donald, Dagobert, Micky und Minnie Maus und den Brüdern Tick, Trick und Track anstatt mit Algebra, Geometrie und Grammatik. Meine Mutter, die sich natürlich ob meiner mangelnden schulischen Mitarbeit Sorgen machte, die sogar dazu führte, dass irgendwann negative Bemerkungen im Zeugnis standen und meine Versetzung gefährdet war, nutzte meine Leidenschaft für Micky-Maus-Hefte, um sie in Mut umzuwandeln. Sie versprach mir folgenden Tauschhandel: Für fünfmal melden in der Schule sollte es ein Micky-Maus-Heft geben. Welch eine Perspektive!

So begann also meine Reise in die Sichtbarkeit und ich entwickelte mehr und mehr Mut, mich zu melden und in der Schule den Mund aufzumachen. Immer häufiger gelang es mir und für jedes Melden setzte ich einen Strich auf meine Belohnungsliste, um möglichst schnell wieder ein neues Micky-Maus-Heftchen zu bekommen. Ich gestehe, manchmal setzte ich auch einen Strich auf die Liste, wenn ich mich melden wollte, es aber letztlich doch nicht schaffte.

Langsam, aber sicher wirkte die Mickey-Maus-Hefte-Taktik meiner Mutter. Immer häufiger meldete ich mich und meine Noten wurden besser. Eines Tages traute ich mich sogar, mich für einen guten Zweck zu engagieren und Geld für eine Spendenaktion der Schule zu sammeln. Also nahm ich all meinen Mut zusammen und ging zum Amt, um mir eine Genehmigung für meine Sammlung zu holen. Allein der Gang zum Amt war schon abenteuerlich und genauso schnell, wie er gekommen war, verließ mich mein Mut wieder, denn im Amt schauten grau aussehende Eminenzen hinter Plexiglas von oben einschüchternd auf mich herab. Fast hätte ich auf dem Absatz kehrt gemacht und mein Vorhaben ad acta gelegt. Doch ich straffte die Schultern, zog eine Nummer aus dem Nummernspender und schaute wie hypnotisiert auf die Anzeigentafel. Meine Nummer rückte immer näher und ich musste all meinen Mut zusammenraffen, um nicht aufzuspringen und aus dem Amt zu flüchten. Als ich nach einer gefühlten Ewigkeit dran war, trug ich mit zitternder Stimme einer streng aussehenden Dame mein Vorhaben vor. Und siehe da – nichts Schlimmes passierte! Die Dame hinter dem Schalter lächelte mich sogar an, genehmigte meine Sammelaktion und wünschte mir viel Glück. Jetzt hatte ich zwar eine Genehmigung, aber mein Mut hatte mich erneut verlassen. Worauf hatte ich mich bloß eingelassen? Menschen anzusprechen und sie dann – zugegebenermaßen für einen guten Zweck – auch noch anzubetteln, **das schien mir mit einem Mal genauso abenteuerlich, wie nackt durch die Fußgängerzone zu rennen.**

Doch ich hatte eine Mission: Ich wollte Geld für die Kinder in Afrika sammeln! Zwar war Afrika weit weg, aber die Bilder der Kinder, die mit großen Augen traurig schauten, ließen mich nicht mehr los. Also kratzte ich das letzte bisschen Mut zusammen und begann meine Sammlung. Ich hatte sehr viel Glück, denn alle Passanten, die ich ansprach, waren sehr freundlich, spendeten mir ihr Kleingeld und ich bekam eine Menge Geld zusammen, damals etwa fünfzig D-Mark. Als Belohnung für mein Engagement lud meine Lehrerin mich auf ein Bananen-Split in eine Eisdiele ein und einige Tage später erschien sogar ein Zeitungsartikel über mich! Ich bekam freundliche Worte, Geld und Aufmerksamkeit für meine Leistung und noch ein Eis obendrauf, so schlimm konnte das mit der Sichtbarkeit also gar nicht sein und heute denke ich, diese Spendensammlung war ein Wendepunkt in meinem Leben. Fortan traute ich mich mehr und mehr in die Sichtbarkeit, auch wenn es noch Jahre dauern sollte, um dort zu stehen, wo ich heute stehe.

Währung unserer Zeit

Währung unserer Zeit

Doch nicht alle bekommen ein Bananen-Split, wenn sie mit ihrer Botschaft nach draußen gehen und Geld einsammeln möchten, egal ob für Kindern in Afrika oder sich selbst. Social Media, die Krönung der Sichtbarkeit, ist voll von Typen wie Peter1307 oder auch Marie087, die anonym Menschen beleidigen und „haten" und fiese Kommentare von unechten Profilen haben schon bei vielen dazu geführt, dass ihr frisch gepflanztes Sichtbarkeits-Pflänzchen schneller einging, als es gewachsen war. Zusätzlich zu der Herausforderung, mit den gemeinen Kommentaren umzugehen, bist du auf Social Media auch dazu gezwungen, mit der eigenen, vermeintlichen Unzulänglichkeit zurechtzukommen, denn offensichtlich besteht die Welt nur noch aus Millionären, Models und Sixpacks. Weltweit scheint es deutlich mehr Lamborghinis als Volkswagen zu geben. **Aufmerksamkeit ist die Währung unserer Zeit** und ob der Lamborghini nur kurz für eine Fotosession gemietet wurde, sieht definitiv niemand, der gemütlich zu Hause vor dem Bildschirm scrollt. Vermeintlich heißt es also: Je sichtbarer, desto kompetenter, doch es ist schwierig, anhand einiger Bilder und schlauer Sprüche zu erkennen, ob jemand „fake" ist oder echt und häufig genug ist eher Ersteres der Fall.

Während du früher für dein Geld noch hart arbeiten musstest und viele Menschen das auch heute noch tun, kann es heute schon ausreichen, Aufmerksamkeit zu erzielen. Die deutsche Influencerin Caro Daur etwa soll ein Vermögen von vier Millionen Euro besitzen. Knapp drei Millionen Menschen folgen ihr und finden über 5.000 Beiträge auf ihrem Instagram-Account. Mittlerweile arbeitet sie mit bekannten Marken wie Chanel oder Cartier zusammen und ist häufiger Gast auf Fashionveranstaltungen in der ganzen Welt. Auf ihren Fotos posiert sie meist lächelnd in gesponserten Roben vor traumhaften Kulissen: Sie hat es vermeintlich geschafft und ich möchte an dieser Stelle auch gar nicht behaupten, dass Caro Daur nichts für ihr Geld tut. Im Gegenteil: Sie hat sich sichtbar gemacht **und genau diese Sichtbarkeit scheint in manchen Fällen schon auszureichen, um ein Traumleben zu führen.** Zumindest sieht es nach außen so aus und wenn dem so ist, warum zögern dann die meisten von uns immer noch? Warum greifen wir nicht zum Fotoapparat oder Smartphone, werfen uns in Pose und posten ein Bild auf Social Media?

Vermutlich sind viele von uns eher überfordert mit dem „Zuviel" an Sichtbarkeit, mit der „Zuvielisation" auf den unterschiedlichsten Kanälen, denn die Welt ist im Wandel. Noch nie hatten wir so unendlich viele Optionen wie heute und das in allen Lebensbereichen. Die Welt ist undurchschaubar geworden und gleichzeitig müssen wir mehr Entscheidungen treffen denn je. Während früher die Wahl des Berufes häufig seitens des Umfelds oder der Familie vorgegeben war und dem Überleben diente, so haben wir heute eine schier unübersichtliche Vielzahl an Möglichkeiten an Berufen und Tätigkeiten. Vor Jahrzehnten gab es eine Handvoll Optionen, heute sind es Tausende, sogar bei der Wahl des Partners. Millionen potenzieller Kandidaten, ganz gleich, ob Job oder Partner, befinden sich nur einen Mausklick weit von dir entfernt.

Doch weder können wir alle Jobs ausprobieren, die es gibt, noch mit allen möglichen Partnern ein Techtelmechtel oder einen One-Night-Stand ausprobieren. **Wir würden vorher sterben, entweder an Langeweile oder Erschöpfung – und die schiere Vielzahl an Möglichkeiten paralysiert uns.** Es wird immer schwieriger zu wissen, was wir wirklich wollen und das macht uns unsicher. Diese Unsicherheit behalten wir gerne für uns, anstatt sie auch noch deutlich sichtbar für die Welt, mit lautem Getöse nach außen zu tragen und daher wartet der Lamborghini-Vermieter weiter auf unseren Anruf.

Ich finde, es ist kein Wunder, dass es so vielen Menschen schwerfällt, sich sichtbar zu machen. Sie sind verwirrt und fragen sich, wofür sie angetreten sind. Sie möchten wissen, was ihr Why, also ihr Warum im Leben ist und was sie erreichen wollen – oder auch nicht. Danach suchen sie meist eine Ewigkeit, besuchen Seminare, betreiben Persönlichkeitsentwicklung oder erforschen ihre Lebenszahl. Und ich möchte das gar nicht kleinreden, denn das alles können Möglichkeiten sein, zu entdecken, wofür wir in diesem Leben angetreten sind. Doch manchmal sind die Antworten, die wir bekommen, nicht eindeutig und fortlaufend müssen wir alle Optionen gegeneinander abwägen, uns fokussieren, überlegen, wer wir sind, wer wir sein wollen und uns dann Gedanken darüber machen, wie wir diese Person werden können.

Ich möchte dich in den folgenden Kapiteln inspirieren und dabei unterstützen, dich zu entscheiden. Dich zu entscheiden, nicht ewig nach einem Warum zu suchen, sondern JETZT sichtbar zu werden und ein fantastisches Leben zu führen! **Dich dafür zu entscheiden, die Person zu entdecken und herauszulassen, die in dir steckt.** Die Person, die schon einmal nackt und brüllend ihr Recht auf Sichtbarkeit eingefordert hat, ohne Rücksicht auf Verluste. Ich möchte dir dabei helfen, deinen Unsichtbarkeitsumhang abzulegen, nein, abzuwerfen und dich deutlich sichtbar mitten in das Scheinwerferlicht deiner Lebensbühne zu stellen. Denn ich habe es geschafft, auch wenn es sehr lange gedauert hat, und wenn ich das geschafft habe, mit all meinen Zweifeln und Herausforderungen, dann kannst du das auch.

WARUM AUSGERECHNET DU?

Warum ausgerechnet du?

Warum sollten nun ausgerechnet du und deine Botschaft sichtbar sein? Natürlich könnte ich jetzt versuchen, dir weiterhin klarzumachen, dass es wichtig ist, deine Qualitäten, dein Können und deine Leistung an deinen Chef, deine Kollegen und auch deine Kunden zu kommunizieren. So weit, so gut. Aber eigentlich sehen diese Personen doch sowieso, was du machst, oder? Musst du sie deshalb wiederholt und vehement noch extra darauf stoßen? Es mag sein, dass du und deine Leistungen bereits gesehen werden, doch das ist aus meiner Erfahrung eher die Ausnahme. Die meisten Menschen sind eher mit sich selbst und ihren Herausforderungen beschäftigt sind als mit dir. Also überlege einmal: Nehmen die Personen, von denen du gesehen werden willst, wirklich wahr, was du gerade machst? Oder fliegst du eher „unter dem Radar"? Machst fleißig deine Arbeit und bekommst dein Geld, aber so richtig wahrgenommen wirst du nicht? Kommt dir das bekannt vor? Dann bist du nicht allein, denn tatsächlich ist es so, dass eine nicht kommunizierte Leistung im Kopf deines Gegenübers eine nicht erbrachte Leistung ist.

Stelle dir einmal vor, du bist Käsehändler. Du findest, Käse ist ein wunderbares Lebensmittel, Käse ist lecker und gesund. Du stehst also mit deinem großartigen Käse auf dem Markt und denkst, dass alle, die vorbeigehen, sehen müssen, wie wundervoll dein Käse ist. Er riecht köstlich, hat eine goldgelbe Farbe und einen niedrigen Fettgehalt bei vollem Geschmack! Warum kauft denn niemand? Erinnere dich: **Eine nicht kommunizierte Leistung ist eine nicht erbrachte Leistung.** Es ist also dein Job als Käsehändler, die „Leistung" deines Käses, also den wunderbaren Geschmack und den reduzierten Fettgehalt, zu kommunizieren, sichtbar, erleb- und an dieser Stelle sogar schmeckbar zu machen.

Denke einmal an Apple. Das Unternehmen Apple stellt technische Produkte her und ist per se ein Konstrukt aus Beton, Glas und Stahl. An sich nichts Besonderes. Steve Jobs aber hat es mit seiner Fähigkeit, die Neuerungen und Produkte von Apple weltweit vorzustellen, sichtbar zu machen und mit seiner Botschaft zu verknüpfen geschafft, dass fast alle Menschen auf der Welt iPhone und Co. kennen. Oder denke auch an Elon Musk, das Gesicht von Tesla, der mit seinen visionären Ideen Generationen von Menschen inspiriert und nicht nur die Automobilwelt verändert. Ganz gleich also, ob Käse, iPhone, oder E-Auto: Klappern gehört zum Handwerk!

Häufig bekomme ich Nachrichten von wunderbaren Menschen, die eine Menge vorzuweisen haben. **Ich erstarre dann förmlich in Ehrfurcht vor den ganzen Diplomen, Zeugnissen, Weiterbildungen und großartigen Auszeichnungen, die diese Personen absolviert und erhalten haben.** Wenn ich aber weiterlese, werde ich häufig sehr traurig, denn genau diese ausgezeichneten Menschen schreiben mir auch, dass sie häufig am Ende des Geldes noch sehr viel Monat übrighaben und ihre Diplome ihnen zwar Ehre, aber nur wenig Einkommen einbringen. Viele schaffen es nicht, genug zu verdienen, um ihr Leben einigermaßen gut zu leben. Dabei sind es wunderbare Menschen, die so viel zu geben haben! Es sind Menschen, die gerne lernen würden, wie sie ihre Kompetenz für die Welt endlich sichtbar machen können. Menschen, die ihren wunderbaren, leckeren Käse zu Geld machen möchten, sich aber meist kein Seminar für 2.000 Euro bei mir leisten können, um genau das zu lernen.

Es macht mich wütend zu sehen, dass so viele kompetente Menschen da draußen, die so viel zu geben haben, nicht in der Lage sind, ihr Leben so zu bestreiten, wie sie es verdient hätten und dabei rede ich noch nicht einmal von einem extravaganten Traumleben (das ich übrigens jedem wünsche, der es möchte). Woran liegt es, dass diese wundervollen Menschen sich finanziell von Monat zu Monat hangeln müssen? Sicherlich nicht an ihren Kompetenzen, Diplomen und Auszeichnungen, nein, es liegt daran, dass sie sich und ihre Fähigkeiten nicht sichtbar machen! Im Gegenzug gibt es zahlreiche Menschen, die nur mäßig ausgebildet und nur wenige oder schlechtere Qualifikationen und Kompetenzen besitzen und damit enorm erfolgreich sind. Sie verdienen Geld, machen Gewinne und zocken vielleicht zusätzlich noch andere ab. Tief in meinem Herzen schmerzt es mich, diese Ungerechtigkeit zu sehen. Denn ich weiß aus vielen Jahren Erfahrung, dass wir alle die Waagschale zwischen Können und Kennen gleichmäßig befüllen müssen, um wahren Erfolg zu haben. Bei vielen liegt der Schwerpunkt auf dem Können, das Kennen wird kaum berücksichtigt.

Vielleicht bist auch du schon von Menschen überholt worden, deren Job du definitiv hättest besser machen können, selbst unter sehr kritischer Betrachtung deiner Person. Doch Fakt ist, dass diese Menschen den Job, die Kunden und die Sichtbarkeit haben und du nicht. Sie haben ihren Käse verkauft, du nicht. Nicht unbedingt, weil sie kompetenter waren, die passendere Ausbildung hatten oder ihr Käse besser schmeckt, sondern weil du es verpasst hast, im richtigen Moment den Mund aufzumachen, deinen Finger zu heben oder den Marktbesuchern davon zu erzählen, wie gut dein Käse ist. Du hast es versäumt, ihnen klarzumachen, was du zu bieten hast, während andere es laut herausposaunt haben und sich eine Menschentraube um sie gebildet hat. Irgendwie ungerecht, oder? Wie oft habe ich selbst im Zuschauerraum gesessen und Menschen zugesehen, die oben auf der Bühne standen mit einer Botschaft, die ich selbst viel eloquenter, besser und humorvoller hätte vermitteln können. Doch auf der Bühne standen sie – nicht ich. **Der Unterschied liegt selten im Können, sondern im Zeigen!**

All diese Ungerechtigkeiten, die ich an mir selbst und zahlreichen anderen Menschen schon erfahren musste, haben mich dazu gebracht, dieses Buch zu schreiben. Denn ich weiß, dass diese Menschen – und damit auch du – es verdient haben, die Früchte der Sichtbarkeit zu ernten und in ihr Leben zu integrieren. Die Früchte Wohlstand, finanzielle Freiheit und ein Leben in Leichtigkeit. Bevor du sie ernten kannst, musst du allerdings säen und brauchst Mut, Ausdauer und einen unbändigen Willen zum Erfolg. Du darfst dich nicht unterkriegen lassen, so wie die Menschen in Leningrad vor vielen Jahrzehnten.

LENINGRAD

Leningrad

Leningrad war lange Zeit das intellektuelle Zentrum Russlands. Im Zweiten Weltkrieg war die Einnahme dieser Stadt für die Deutschen daher von strategischer Bedeutung. Sie planten einen außergewöhnlichen Triumph, der Stärke demonstrieren und für die ganze Welt sichtbar sein sollte. Also zerbombten die Deutschen sämtliche Lagerhallen innerhalb der Stadt und schnitten jegliche weitere Zufuhr an Lebensmitteln für die Bevölkerung ab. Die deutschen Truppen marschierten gar nicht erst in die Stadt ein, sondern belagerten die Stadt 900 Tage lang. Sie warteten schlicht darauf, dass alle der etwa 2,5 Millionen Leningrader, darunter rund 400.000 Kinder, verhungerten oder erfroren und sie die Stadt kampflos übernehmen konnten.

Den belagerten Menschen ging es logischerweise immer schlechter, je länger die Belagerung dauerte. Es gab zwar noch einen von den Deutschen unentdeckten Verpflegungszugang über einen zugefrorenen See, doch die Kapazitäten dieser Notversorgung reichten natürlich hinten und vorne nicht aus, um Millionen von Menschen zu versorgen. Also behalf sich die hungernde Bevölkerung mit dem, was sie hatte. Pferde, Hunde, Katzen, Tauben und Ratten gab es bald nicht mehr in der Stadt, sie wurden getötet und gegessen. Dokumentationen besagen, dass die Menschen sogar den Fensterkitt aßen, da die wenigen darin enthaltenen Kalorien für weitere ein oder zwei Tage Überleben sorgten und die Masse den Magen füllte. Trotzdem starben täglich zehntausende Menschen auf grausame Art und Weise. Gebäude wurden zerstört und zerfielen. Die einst prachtvolle Stadt war dem Untergang geweiht und ich möchte die Zeilen in diesem Buch zum Anlass nehmen, um für dieses abscheuliche Verbrechen aus tiefstem Herzen um

Entschuldigung zu bitten. Insgesamt fanden damals über eine Million Menschen den Tod.

Das alte, kriegsgebeutelte Leningrad gibt es heute nicht mehr, doch die Stadt, die so viel Grausamkeit erfahren hat, ist trotz aller Gräueltaten nicht untergegangen, sondern wie ein Phönix aus der Asche als Sankt Petersburg wieder auferstanden. Das Stadtbild des heutigen Sankt Petersburg ist, trotz all der geschichtlichen Narben, unglaublich majestätisch und imposant und die Stadt beherbergt stolze Bürger.

Auch New York trägt seit dem Anschlag auf das World Trade Center, bekannt als 9-11, bei dem zwei Flugzeuge in die Zwillingstürme des Bürokomplexes flogen, Narben mit sich. Der Schock, der damals die Stadt ereilte, ließ deren Bewohner in ihrer Trauer, Hilflosigkeit und später ihrem Tatendrang enorm zusammenwachsen. New York ist seitdem eine viel menschlichere Stadt geworden. Bist du früher dort hingefallen, so hieß es: „Bleib liegen – die Stadt ist zu schnell für dich". Heutzutage achten die Menschen aufeinander und es ist fast gar nicht mehr möglich, hinzufallen, da dir schon vorher Menschen die Hand reichen.

Ich bin der festen Überzeugung, dass genau diese erlittenen und gemeisterten Herausforderungen und die dabei entstandenen Narben diese beiden Städte zu den imposanten, lebens- und liebenswerten Städten gemacht haben, die sie heute sind. Städte, die weltweit bekannt und sichtbar sind. Städte, die jedes Jahr Millionen von Menschen anziehen und das trotz, oder gerade wegen ihrer Narben. Und ich bin ebenfalls der festen Überzeugung, dass auch uns Menschen nicht nur unsere glücklichen Tage, sondern vor allem unsere Narben zu der Person machen, die wir sind und dass wir genau diese Narben zeigen sollten.

MEINE NARBEN

Meine Narben

Deshalb möchte ich an dieser Stelle meine persönliche Geschichte und meine Narben mit dir teilen, damit du besser verstehen kannst, warum Sichtbarkeit in meinem Leben eine so große Rolle spielt. Lass dich von mir also auf eine Reise zurück in die 1970er Jahre mitnehmen.

In gewisser Weise bin ich ein verspätetes Flüchtlingskind, da meine Eltern als Donauschwaben während des Zweiten Weltkrieges aus ihrer damaligen Heimat vertrieben wurden. Sie versuchten irgendwie zu überleben, so wie viele ihrer Zeitgenossen und eröffneten in den versifften Flüchtlingsbaracken einen Lebensmittelladen mit Milch und Mehl, wo sie – jedes Mal, wenn Kundschaft den Laden betrat – erst einmal fest auf den Boden stampften mussten, um die herumlaufenden Ratten zu vertreiben. Meine Eltern waren sehr fleißig, arbeiteten hart und bauten im Laufe der Jahre fast aus dem Nichts zwei Lebensmittelgeschäfte auf. Genug, um die Familie zu ernähren und ein arbeitsreiches, aber zufriedenes Leben zu führen. Ich wuchs zwischen Mehl, Milch und Micky-Maus-Heften auf und unser Leben als Familie lief in geordneten Bahnen vor sich hin, zumindest erschien es mir damals so und ich machte mir nicht viele Gedanken um unser Geschäft. Ich hatte genug mit mir selbst zu tun, so wie wohl die meisten Kinder und auch meine Eltern hatten genug mit ihren Läden zu tun, sodass ich früh lernte, selbstständig meine Tage zu verbringen.

Leider kamen jedoch, als ich zwölf Jahre war, zwei tragische Ereignisse zusammen, die unser gesamtes bisheriges Leben von Grund auf erschütterten und unsere Existenz maßgeblich bedrohten. Zum einen erkrankte meine wesentlich ältere Schwester an einem Rückenmarktumor. Meine Eltern waren fortan ständig unterwegs in Krankenhäusern um sie zu begleiten, und ich war mehr denn je auf mich allein gestellt. Die Schule nahm ich so gut wie gar nicht mehr ernst und war dort auch dementsprechend selten anzutreffen. Insofern war es auch eine logische Folge, dass ich zuerst aus dem Gymnasium und später aus der Realschule geworfen wurde – und tatsächlich heute mit wenig Stolz behaupten darf, nicht einmal einen Hauptschulabschluss zu haben. Erst viele Jahre später, im Alter von vierzig Jahren, begann ich, das eine oder andere Versäumnis in meiner Bildung nachzuholen.

Mir war völlig klar, dass meine Chancen ohne Schulabschluss nicht gerade die größten waren, doch es störte mich nicht sonderlich. **Relativ schnell geriet ich auf die schiefe Bahn und beschäftigte mich vermehrt mit den verruchten Dingen des Lebens, anstatt den sinnvollen.** Ich kann mich noch allzu gut an meinen ersten Alkoholexzess erinnern. Damals war ich vierzehn Jahre jung und schon derart betrunken, dass ich gar nicht mehr richtig stehen konnte, also setzte ich mich einfach in der Freisinger Innenstadt auf den Gehsteig und lehnte mich gegen die Hauswand eines Geschäftes. Alles drehte sich und ich nahm nicht mehr besonders viel von der Welt um mich herum wahr. Du kannst dir vorstellen, wie erschrocken und zugleich überrascht ich war, als ich plötzlich das klimpernde Geräusch von Münzen hörte, die mir zugeworfen wurden. Eigentlich hatte ich nicht vorgehabt zu schnorren, sondern wollte nur meinen Rausch überstehen, doch unbeabsichtigt stieg ich auf diese Weise in die Riege der Bettler ein und über viele Monate und Jahre hinweg erwirtschaftete ich mir so ein Zusatzeinkommen. **Immer, wenn ich kein Geld hatte, setzte ich mich auf den Gehsteig und wartete, bis die Passanten sich meiner erbarmten und mir etwas zuwarfen.**

Meine Schwester verstarb nach insgesamt drei Jahren des schweren Leidens. Im selben Zeitraum baute mein Vater das mittlerweile größer gewordene Familiengeschäft um. So weit, so gut, doch aufgrund einer falschen Immobilienentscheidung hatte er sich dabei vollkommen verkalkuliert. Daraus resultierten horrende Schulden in Höhe von knapp fünf Millionen D-Mark – und das zu einer Zeit, als der Zinssatz für Schulden grob 13 Prozent betrug. Trauer, Schulden und Zinszahlungen bestimmten infolgedessen das Leben meiner Familie, aber so richtig bewusst war mir die Situation als Jugendlicher damals nicht. Ich versuchte, irgendwie ohne meinen Schulabschluss über Wasser zu bleiben und startete schließlich als Gläsersammler in meiner Lieblingsdiskothek in die Arbeitswelt. Eigentlich hatte ich mich seinerzeit als Gläserwäscher beworben, denn dafür gab es mehr Geld, doch dafür war ich noch zu jung und zudem – so der Inhaber der Disco – nicht qualifiziert genug. Mein erstes Geld verdiente ich daraufhin, neben dem Betteln, mit dem Einsammeln von Gläsern.

Nachdem ich mit der Schule – und die Schule auch mit mir – abgeschlossen hatte, begann ich zuerst eine Lehre zum Einzelhandelskaufmann. Der elterliche Betrieb ermöglichte mir diese Chance und noch heute bin ich dankbar dafür, denn sonst wäre ich wohl endgültig auf der Straße gelandet. Ich lernte schnell, merkte aber auch, dass in der Ausbildung ein wichtiger Punkt fehlte, etwas, mit dem meine Eltern tagtäglich zu tun hatten: Mitarbeiterführung. Wie konnte es gelingen, Mitarbeiter gut zu führen? Das interessierte mich und ich verschlang sämtliche Bücher, die ich dazu in die Hand bekommen konnte, darunter auch ein Buch von Dale Carnegie „Wie man Freunde gewinnt." Das Buch beeindruckte mich schwer und ich startete eine Ausbildung bei Dale Carnegie, die mich über eine Tätigkeit als Assistent bis hin zum Trainer der Ausbilder führte. Noch heute denke ich gerne an diese Zeit zurück.

Als mein Vater schließlich siebzig Jahre alt wurde, ich war damals 30 Jahre alt und arbeitete im elterlichen Betrieb als Trainer und hatte zwischenzeitlich sogar eine BWL-Fachschule absolviert, kam er eines Tages mit folgenden Worten auf mich zu: „Hermann, es wird Zeit, dir das Erbe zu überschreiben". Zugegeben – zunächst empfand ich dies mehr als großartig. Meine Freude schwand allerdings rasant, als mein Vater weitersprach. Er erklärte mir, dass ich zwar ein Haus bekommen würde, das etwa eine Million D-Mark wert sei, damit aber gleichzeitig auch Schulden übernehmen musste, die bei knapp fünf Millionen D-Mark lagen. Das waren unglaubliche Summen und aus heutiger Sicht lag meine damalige Entscheidung vielleicht an meiner mangelnden Vorstellungskraft ob dieser Beträge: Ich habe das Erbe jedenfalls angetreten.

Aus heutiger Perspektive betrachtet glaube ich, dass ich in einer Mischung aus Selbstüberschätzung, Liebe, dem Wunsch nach Liebe und wahrscheinlich auch der Hoffnung, meinem eigenen Vater sagen zu können: „Vater, ich ziehe den Karren aus dem Dreck", handelte. Schnell zu Schulden in so einer überdimensionalen Höhe zu kommen, geht übrigens ziemlich einfach. **Man geht zum Notar, leistet zwei Unterschriften und hat danach einen vollkommen anderen Kontostand als vorher.** Das war es auch schon. So richtig begreifen, was ich da getan hatte, konnte ich nicht und vielleicht wollte ich es auch nicht und ich arbeitete Tag und Nacht wie ein Geisteskranker, um irgendwie den Schuldenberg abzubauen.

Nach zwei Jahren härtester Arbeit rief mich eines Tages der Vorstandsvorsitzende meiner Sparkasse an. Er erzählte mir, dass es mir in den vergangenen 24 Monaten signifikant gelungen war, Schulden abzubauen. Ich atmete auf – anscheinend war ich auf einem guten Weg!

Doch dann erklärte er mir, dass ich noch weitere 137 Jahre brauchen würde, bis alle Schulden abgebaut wären, wenn ich so weitermachte wie bisher. 137 Jahre! Als ich das hörte, schoss mir ein kalter Schauer über den Rücken, denn mir wurde mit einem Mal schlagartig klar, dass nicht nur ich, sondern auch meine Kinder und Enkelkinder sich noch an diesen Schulden abarbeiten würden, wenn ich so weitermachte.

Das wollte ich selbstverständlich auf alle Fälle verhindern, allerdings würde ich den Immobilienfehler meines Vaters niemals durch die Einnahmen des Lebensmittelgeschäfts, das ich mittlerweile führte und das weniger als ein Prozent Umsatzmarge abwarf, ausgleichen können. Guter Rat war teuer, im wahrsten Sinne des Wortes. Das, was mir fehlte, war Geld oder eine zündende Idee, um schnell viel davon zu verdienen. Dass es so etwas wie Insolvenz gibt, war mir damals nicht bewusst, stattdessen war für mich von Anfang an vollkommen klar, dass ich diese Schulden beinhart abbezahlen musste und es keinen anderen Ausweg gab. Erst Jahre später meinte ein Bankvorstand zu mir: „Scherer, wäre ich an ihrer Stelle gewesen, hätte ich Insolvenz angemeldet, dann wäre diese Sache doch längst erledigt gewesen." Aber es waren ja auch meine Schulden.

Allerdings erfuhr ich das erst zu einem Zeitpunkt, als die Schulden längst getilgt waren. Damals kannte ich diese Möglichkeit nicht und Tag und Nacht quälte mich die Frage, wie es nun für mich weitergehen solle. Ich musste Geld verdienen. Nein – ich musste viel Geld verdienen. Doch wie sollte ich das mit einer Lehre zum Einzelhandelskaufmann und meiner Trainertätigkeit, die zwar anständig bezahlt wurde, aber keine Millionen abwarf, schaffen? Nächtelang zermarterte ich mir das Hirn, bis mir schließlich eine Idee kam: Ich konnte reden, vielleicht ließe sich daraus etwas machen?

Hin und wieder las ich in der Tageszeitung, dass Politiker oder andere prominente Personen eingeladen wurden, um bei Veranstaltungen von Verbänden, Organisationen oder Firmen Vorträge zu halten. Diese Menschen fuhren dorthin, redeten etwas und bekamen dann mehr Geld dafür, als andere in einem Monat mit ihren alltäglichen Jobs verdienten – genauso wie ich. Das hörte sich spannend an, das war meine Chance! Ich MUSSTE Redner werden. Es war wie eine Eingebung des Himmels: **Als Redner hast du keine Ausgaben, keine Startinvestitionen, nichts. Du brauchst lediglich deinen Mund – und der war mir schon gewachsen.** Ich musste lediglich reden und alle meine Probleme würden sich in Wohlgefallen auflösen. So zumindest der Plan. Doch da gab es diese eine Sache...

Wenn du jetzt denkst, dass ich schon damals ein rednerisches Naturtalent war – was man heute rückblickend durchaus vermuten könnte – dann muss ich dich an dieser Stelle leider enttäuschen. Für mich war genau dieses Reden, und dann auch noch vor Menschen, immer noch eines der schwierigsten Dinge überhaupt, das hatte sich seit der Schulzeit nicht wesentlich verändert. Ich war und bin selbst heute in der Tiefe meines Herzens ein introvertierter Mensch. Doch es half nichts. Die Möglichkeit, durch Reden zügig an viel Geld zu gelangen, erschien mir das einzig Wahre zu sein. Mir war klar: Wenn ich mich im Reden übe, dann kann ich auch ohne Startinvestition ein Business beginnen, vor anderen Menschen Vorträge halten, diese begeistern und endlich so viel Geld verdienen, dass ich meine Schulden ein für alle Mal tilgen kann. Somit begann ich zu üben. Bei allen möglichen Gelegenheiten sprang ich über meinen Schatten, traute mich und fing an zu reden. Doch das reichte nicht aus und schnell wurde mir jedoch klar, dass mein erträumter Erfolg bei Weitem nicht allein eine Frage guten Redens war. Es gab da einen weiteren, absolut entscheidenden Faktor.

Was nützt es dir schließlich, wenn du ein guter Redner bist – wovon ich zum damaligen Zeitpunkt noch Lichtjahre weit entfernt war – wenn dein Name niemandem ein Begriff ist? **Was nützt es dir, gut zu sein, wenn du nicht sichtbar bist und damit niemand deine Qualitäten sieht?** Ohne Sichtbarkeit – keine Buchung. Ohne Buchung – kein Geld. Meine nächste Aufgabe war damit klar: Ich musste mich sichtbar machen und die Aufmerksamkeit anderer Menschen auf mich ziehen. Meine Vision eines schuldenfreien Lebens war damals ungemein stark, sodass ich es trotz aller Ängste und voller Hosen schaffte, die Bühnen, die anfangs eher „Bühnchen" waren, zu erobern. Es war mir völlig egal, wo ich sprach. Vom Vortrag in der Volkshochschule über die Diskussionsrunde mit fünf Teilnehmenden hin zum Austausch einer kleinen Gruppe von Menschen zu einem bestimmten Thema: Hauptsache Bühne! Hauptsache Sichtbarkeit!

Vielleicht kennst du den Spruch Bühne bringt Bühne, den ich selbst heute gerne in meinen Seminaren benutze. Stehst du heute auf einer Bühne, kannst du die Welt daran teilhaben lassen, indem du ein paar Fotos auf Facebook und Co. postest – so sorgst du für Sichtbarkeit. Doch damals gab es noch kein Internet, man könnte fast sagen, es war eine Zeit der Dunkelheit und Unsichtbarkeit im Vergleich zu heute. Dennoch war mir klar, dass nichts an diesem Weg vorbeiführte. Ich wollte mein Ziel erreichen und gab alles dafür.

Du fragst dich jetzt vielleicht, warum sich ein Mensch so etwas antut? Warum in aller Welt bin ich damals einen so beschwerlichen Weg gegangen, obwohl ich anfangs weder die Kompetenz noch die Leidenschaft für das Reden besaß? Warum habe ich mir das angetan? Auf diese Fragen kann ich dir eine sehr klare Antwort geben, liebe

Leserin und lieber Leser: Ich hatte ein Ziel. **Und ein Ziel ist eine Wette auf das eigene Leistungsvermögen.**

Zweimal täglich rief damals die Bank bei mir an und wollte wissen, wie es mir geht. Auf meine Gegenfrage, weshalb sie das wissen wollten, antworteten sie meistens: „Scherer, wir sind an Ihrer Gesundheit interessiert." Selbstverständlich waren sie weniger an meiner Gesundheit interessiert, sondern viel mehr an meiner Schaffenskraft. Dutzende, wenn nicht hunderte Male bin ich mit meinen letzten Kröten oder frischen Einnahmen zur Sparkasse gefahren, um die Bank zumindest für einen Tag wieder zu besänftigen und ruhigzustellen. Es war eine enorm harte Zeit. Ich weiß heute gar nicht mehr, wie oft ich vor diversen Geldausgabeautomaten stand, meine Karte hineinschob und kein Geld dabei herauskam oder, noch schlimmer, die Karte sofort einbehalten wurde. Nie werde ich die Momente vergessen, in denen ich vor der Imbissbude wartete und kein Geld mehr hatte, um mir eine Bratwurst zu kaufen und, **wenn es ganz schlimm war, formte ich noch im Alter von mittlerweile dreißig Jahren das ein oder andere Mal meine Hände, um vielleicht die letzten zwei, drei D-Mark zusammenzubetteln**, um zumindest ohne Hunger ins Bett gehen zu können. Fühlte ich mich schlecht dabei? Und wie. Doch genau diese Herausforderungen haben mich zu der Person gemacht, die ich heute bin, mit all meinen Narben, andererseits auch meiner Zielstrebigkeit.

So wie meine Narben vermutlich dazu geführt haben, dass ich heute so bin, wie ich bin, haben vielleicht auch die erlittenen Gräueltaten Sankt Petersburg noch imposanter werden lassen und die Anschläge vom 11. September New York noch menschlicher. Genauso wie meine fünf Millionen D-Mark Schulden dazu führten, dass ich größer denken musste, um noch größer handeln zu können, denn sonst wäre ich meine

Schulden niemals losgeworden. **Wir alle haben wohl schon Narben in unserem Leben abbekommen, seien sie körperlicher, seelischer oder mentaler Natur.** Narben, die uns mehr oder weniger verletzt und uns auf mehr oder weniger hartem Wege etwas beigebracht haben. Jetzt ist es an dir: Willst du dich dafür entscheiden, diese Narben zu nutzen? Wird es nicht allein wegen deiner Narben endlich Zeit, sichtbar zu werden?

Jedes Gesicht hat eine Geschichte. Ich bin der festen Überzeugung, dass wir alle dafür angetreten sind, die Welt ein kleines bisschen, und wenn es nur ein klitzekleines bisschen ist, besser zu machen. Welche Geschichte hast du? Welche Narben trägst du in dir, sichtbar oder unsichtbar? Welche Erfahrungen hast du gemacht, die du mit der Welt teilen kannst? Ja, das kannst du, denn **Schwäche zeigen, heißt auch, Stärke zu zeigen.** Verwundbarkeit schafft Verbindung.

Es ist an der Zeit für dich, aufzustehen und den Mund aufzumachen, um anderen zu berichten, wie sie ihre Narben heilen können oder, noch besser, ihnen aufzuzeigen, wie es gelingen kann, ohne Narben durchs Leben zu gehen. Du hast eine Verantwortung, dein Wissen weiterzugeben.

Also stehe jetzt auf und erzähle deine Geschichte! Inspiriere andere Menschen durch deine Schilderungen, damit auch sie aus ihrem Leningrad ein Sankt Petersburg machen können. Und lasse dich bitte dabei nicht aufhalten. Egal wovon, egal von wem, vor allem nicht von deinen Ängsten. Wer keine Angst hat, der denkt zu klein. Doch um dich ihnen zu stellen, musst du sie erst einmal erkennen.

Runter von der Liste!

Runter von der Liste!

Eines Tages herrscht große Aufruhr im Wald! Das Gerücht geht um, dass der Bär eine Todesliste hat. Alle Tiere laufen wild durcheinander und fragen sich, wer wohl alles auf der Liste steht. Zuerst nimmt der Hirsch all seinen Mut zusammen, geht zum Bären und fragt: „Bär, hast du eine Todesliste?“. Und der antwortet: „Ja", und du stehst auch drauf." Voller Angst dreht sich der Hirsch um und flieht. Drei Tage später ist der Hirsch tot.

Die Angst bei den Waldbewohnern steigt kontinuierlich und die Gerüchteküche um die Frage, wer denn noch auf der Liste steht, brodelt. Irgendwann hält der Keiler es nicht mehr aus. Er sucht den Bären auf, um ihn zu fragen, ob er auch auf der Liste steht. „Ja", antwortet der Bär. „Auch du stehst auf der Liste". Völlig verängstigt verabschiedet sich der Keiler vom Bären. Auch er, der einst stolze, mächtige Keiler ist wenige Tage später tot.

Nun bricht die Panik bei den Waldbewohnern aus. Alle verkriechen sich oder flüchten aus dem geliebten Wald. Nur der Hase – ausgerechnet der Ängstlichste unter ihnen – traut sich, den Bären aufzusuchen. „Bär, steh ich auch auf der Liste", fragt er ihn. „Ja, auch du stehst auf der Liste." antwortet der Bär. Darauf fragt der Hase "Kannst du mich rausstreichen?“ Und der Bär antwortet „Natürlich, kein Problem!"

Oft ist unsere Angst vor der Angst schlimmer als die Angst selbst. Wir malen uns die schrecklichsten Dinge aus, die passieren können, wenn wir etwa einen Social Media Post machen, auf der Bühne stehen oder eine Pressemitteilung veröffentlichen. Wenn das auch bei dir der Fall ist, dann überlege an dieser Stelle, ob deine Angst vor diesen

Dingen und der Sichtbarkeit überhaupt gerechtfertigt ist. Was ist das Schlimmste, das passieren kann? Und ist das wirklich so schlimm? Wirst du es überleben? Höchstwahrscheinlich. Wirst du daraus lernen? Höchstwahrscheinlich. Wird es dich weiterbringen? Ebenfalls höchstwahrscheinlich.

Hatte ich damals Angst, auf die Bühnen zu gehen? Ja, und wie. Hat es mich weitergebracht? Ja, definitiv. Und glaube mir, ich hatte die Hosen voll, wollte mich verkriechen und oft genug habe ich das versucht. Doch hier bin ich, mit meiner Geschichte und meinen Narben und genau das kannst du auch. Also, warum hast du Angst? Du musst deine Ängste bezwingen, um deine Träume wahrzumachen und deine Talente zu leben. Außerdem, die Wälder wären still, wenn nur die begabtesten Vögel sängen. Beginne noch heute damit. Wir haben keine Angst vor der Dunkelheit – wir haben Angst vor dem Licht.

Deine Träume und Talente

Deine Träume und Talente

Wovon hast du eigentlich als Kind geträumt? Was war dein Plan? Wolltest du Lehrer werden? Polizistin? Feuerwehrmann? Die Welt bereisen? Womit wolltest du die Welt verändern, bevor die Welt dich verändert hat?

Als Kind hattest du Träume und Wünsche, hast groß gedacht. Die Welt lag dir zu Füßen und wartete nur darauf, dass du sie betrittst. Du mit deinen einzigartigen Fähigkeiten, Träumen und Herausforderungen. **Als Kind hast du dir vorgestellt, wie du die Welt eroberst und dir versprochen, etwas aus deinem Leben zu machen, deinem einzigartigen, wunderbaren, endlichen Leben.** Jeder Mensch hat auf dieser Erde seine Berechtigung und auch jede Meinung, jede Botschaft, jeder Standpunkt und jedes Talent haben ihre Berechtigung. Nicht nur das, wir haben nicht nur die Berechtigung, nein sogar die Verpflichtung, diese Botschaften in die Welt hinauszusenden und unsere Talente einzusetzen. Die Talente, die wir in uns tragen und als Kind ganz natürlich genutzt haben. Manche Menschen nutzen ihre Talente, tun Gutes damit und mehren sie. Andere wiederum lassen diese Talente ungenutzt, vergraben sie und leben ihr Leben ohne sie. Dabei brauchen wir alle Talente auf der Welt – auch deine! Und das jeden Tag mehr.

Jedes Unternehmen, jedes Produkt und jede Dienstleistung sind erst einmal leblos. Ein Unternehmen besteht primär aus Stahl, Glas und Beton. Erst die Menschen mit ihren Talenten, die für die Unternehmen arbeiten, machen es zu dem, was es letztlich ist: eine Glaubensgemeinschaft. Alle diese Menschen glauben an etwas, ein Produkt, eine Dienstleistung, eine Art zu arbeiten, ein gemeinsames Ziel. Sie haben eine gemeinsame Botschaft und genau das macht ein Unternehmen erst lebendig.

Durch Botschaften und Lernerfahrungen entwickeln wir uns stetig weiter. Wenn wir auch von unserem heutigen Standpunkt aus glauben, dass die Welt in ihrer Entwicklung schon weit fortgeschritten ist, denke ich doch, wir stehen erst am Anfang großer Veränderungen und Umwälzungen. Roboter nehmen uns heute schon eine Vielzahl körperlicher Tätigkeiten ab. Es wird nicht mehr lange dauern und viele bisher noch vorhandene Arbeitsbereiche und Jobs wird es nicht mehr geben. Bald werden beispielsweise nur noch selbstfahrende Autos, Lastwagen und Taxis die Straßen einnehmen. Millionen von Kraft- und Taxifahrern werden arbeitslos. Roboter, gepaart mit künstlicher Intelligenz, werden zahlreiche weitere Aufgaben übernehmen, die bisher noch Menschen durchführen.

Große Herausforderungen kommen auf uns zu. Doch das bedeutet nicht, dass wir nun stehen bleiben sollten, uns unserem vermeintlichen Schicksal ergeben und unsere Träume und Talente begraben, nein im Gegenteil, wir müssen uns weiterqualifizieren, um in dieser neuen Welt neue Tätigkeiten zu lernen und neue Jobs auszuüben. Auch komplizierte Berufe mit umfangreichen Ausbildungen dürfen und müssen sich weiterqualifizieren. Anwälte sind ein Beispiel: Sie müssen wohl zukünftig nicht mehr in alten Urteilen nachblättern, um sich über deren Ergebnisse zu informieren, weil künstliche Intelligenz das schneller und präziser erledigen kann. Stattdessen haben sie mehr Zeit dafür, sich um ihre Plädoyers zu kümmern. Damit können sie ihre Talente viel besser einbringen als durch stundenlanges Akten wälzen.

Auch der Arzt, dessen Diagnostik treffsicherer und schneller von künstlicher Intelligenz übernommen wird, darf sich wieder mehr um den Patienten kümmern. Ärztliches Fachpersonal kann etwa lernen, schlechte Botschaften positiver zu übermitteln und dazu beitragen, den Kampfgeist in den einzelnen Menschen zu stärken, damit sie schneller gesund werden. Zahlreiche weitere Änderungen in der Arbeitswelt stehen uns bevor und nicht alles davon ist Zukunftsmusik. Die Zukunft hat schon begonnen.

IBM, ein amerikanisches IT- und Beratungsunternehmen entwickelt derzeit eine KI (Künstlichen Intelligenz) namens Watson. Watson ist im Grunde ein Frage-/Antwortprogramm und wird schon heute erfolgreich in Chatbots eingesetzt. Watson[1] greift auf über 90 Server mit über 200 Millionen Seiten an Datenspeicher zurück und ist dadurch in der Lage, in kürzester Zeit Antworten auf die komplexesten Fragen zu finden, mehr als je ein Mensch, egal wie talentiert er auch ist, leisten könnte. Dank dieser KI – und ich bin mir sehr sicher, viele weitere werden folgen – schreiten Veränderungen in technischen Bereichen heute schneller denn je voran, ein Ende ist nicht in Sicht. Was denkst du, wie sehr die Menschheit sich verändern wird, wenn sie mehr Zeit und Möglichkeiten haben wird, die eigenen Bedürfnisse und Wünsche zu erfüllen? Ganz zu schweigen von all den Dingen zwischen Himmel und Erde, die wir noch nicht kennen und die wir gerne unter dem Stichwort der „Spiritualität" einordnen und ablegen. Auch hier können wir noch viel Neues erfahren und lernen. Freust du dich oder blickst du eher mit Bedenken auf diese Entwicklungen?

Ich frage dich daher: **Wer wirst du zukünftig sein?** Wofür wirst du mit deinem Herzen stehen? Wie wirst du das, wofür du stehst, sichtbar machen? Wie wirst du deine Talente nutzen? **Wo**

willst du im Regal des Lebens stehen? Bist du ein Premiumprodukt, das ganz oben rechts im Regal steht, dort, wo alle Blicke zuerst hinfallen? Oder stehst du eher unten im Regal, ganz links, bei den Dingen, zu denen man sich bücken muss, um sie zu sehen? Stehst du eher im Discounter-Regal auf einer Palette oder in einem Luxus-Kaufhaus wie dem Alsterhaus in Hamburg mit ausgewählten, exklusiven Produkten?

Wir Menschen denken in Schubladen und die Einteilung, in welches Regal du einsortiert wirst, ist nicht einmal besonders intelligent, dafür aber anschaulich. Es geht mir darum, dir aufzuzeigen, welche Möglichkeiten du hast, zu entscheiden, wofür du stehst und was du tust. In welcher Schublade bist du also zu Hause? Wo dürfen wir dich verorten? Und wie wirst du dort sichtbar?

Doch bitte keine Sorge. Auch wenn du heute vielleicht noch nicht so sichtbar bist, wie du es gerne wärst, also noch eher im unteren Regelbereich stehst, bedeutet das nicht, dass du alles, was du bisher getan hast, über den Haufen werfen sollst. Nein, nutze weiter deine Talente, deine Träume, und deine Geschichte. Um diese sichtbar zu machen, musst du lediglich die Art und Weise, wie du darüber kommunizierst, verändern. Folgende Beispiele zeigen dir, wie und womit du von der unteren Schublade in die sofort sichtbare Auslage gelangst, ganz nach oben ins Regal.

Jürgen Jörges ist Malermeister und hat den Schwerpunkt Schimmel. Damit meine ich keine wunderbaren, weißen Pferde, sondern den Schimmel, der in fast jeder Immobilie sichtbar oder auch unsichtbar vorhanden ist. Die meisten von uns würden nun sagen: „Iiiiih, Schimmel", doch Jürgen liebt es, über Schimmel zu reden, ihn zu entdecken, zu entfernen und mittlerweile sogar, darüber zu schreiben. Sein Buch

Schimmel, Arsch und Zwirn enthält zahlreiche Anekdoten aus seiner Arbeit als „Der Schimmelfahnder“ und so ist er mittlerweile der Top-Schimmelexperte in Deutschland. Er hat es geschafft, sich und das Thema Schimmel, über das eigentlich niemand gerne redet, ins Radio, in verschiedene Tageszeitungen und sogar Talkshows zu bringen und präsentiert sehr erfolgreich Kuriositäten rund um dieses Thema. Er hat den Schimmel aus der miefigen Schublade geholt und sich selbst damit ganz oben ins Regal gestellt.

Auch Boris Thomas, der Geschäftsführer der Firma Lattoflex, hat seine Leidenschaft für guten Schlaf nach außen getragen. Lattoflex ist Weltmarktführer in der Herstellung von hochwertigen Lattenrosten. Boris berichtet in seinem ersten Buch Fang nie an, aufzuhören. Das Mindset für Manager und Macher über seine Erfahrungen als Unternehmer mit all den zugehörigen Krisen, über guten Schlaf und die Wichtigkeit von Lattenrosten und hat damit nicht nur Sichtbarkeit, sondern auch deutliche Reputation als Unternehmer und für sein Unternehmen erreicht. Und mittlerweile gibt es seinen zweiten Bestseller „Teile die Wolken und finde den Weg“.

Auch im Mainstream ist es möglich, einen Markt zu dominieren. Denke einmal an Bibi von Bibi's Beauty Palace, die mit ihrer Leidenschaft für Kosmetik zu einer sehr erfolgreichen YouTuberin geworden ist. Bianca Claßen, so heißt sie im realen Leben, wurde vom Manager Magazin mit einem monatlichen Einkommen von etwa 110.000 Euro taxiert. Sie hat mehr als sechs Millionen YouTube Abonnenten und ihre knapp 1.000 Videos haben bis heute über sechs Milliarden Aufrufe erzielt.

Gerne möchte ich dir auch noch Sally von Sally's Welt vorstellen, eine Frau, der es gelungen ist, einen wunderbaren Nusszopf zu backen, vermeintlich nichts Besonderes. Doch Sally Özcan, so heißt sie mit bürgerlichem Namen, betreut mittlerweile den erfolgreichsten YouTube Kanal Deutschlands zum Thema Kochen und Backen. Über zwei Millionen Abonnenten folgen ihrem Kanal und holen sich regelmäßig Tipps zum Kochen und Backen, und das alles aufgrund eines Nusszopfes.

Nennen möchte ich auch noch Martin Rütter, der als Hundeexperte mittlerweile eine eigene Netflix-Sendung hat und mit seinen Shows Olympiahallen füllt, in denen er humorvoll beschreibt, wie man mit Hunden umgeht – oder eben besser nicht. Mit Witz und Charme beleuchtet er die einzigartige Beziehung zwischen Mensch und Hund und hat es damit ganz oben ins Regal geschafft.

Wenn es diesen Menschen gelingt, mit Schimmel, Lattenrosten oder auch einem Nusszopf sichtbar zu werden, dann kannst du es auch! Diese Menschen machen genau das, was sie gerne machen, und zwar genauso wie immer – mit dem einen Unterschied: Sie reden nun darüber und kommunizieren ihre Leistung, ihr Produkt, ihr Handeln nach außen. Als leidenschaftliche Menschen brennen sie für ihre Themen und genau solche Menschen braucht die Welt. **Du machst weiterhin das, was du gut und gerne tust und veränderst nur, wie du darüber kommunizierst.**

Wir brauchen nicht noch mehr normale, angepasste Menschen. Wir brauchen nicht noch mehr unsichtbare Produkte und Dienstleistungen unten im Regal. Auch wenn schon die Schule dafür sorgt, dass wir uns viel zu sehr anpassen, anstatt leidenschaftlich zu sein und für etwas einzustehen, können wir das ändern. Jeden Tag können wir uns aufs Neue entscheiden, aus dem Normal auszubrechen, denn normal sind Eiche rustikal, Toilettenpapierrollen auf der Rücksitzbank des Kleinwagens, Feinripp-Unterwäsche. **Normal ist eine Einstellung am Wäschetrockner.**

Normal bedeutet keine Leidenschaft, doch ich möchte, dass du leidenschaftlich bist, denn nur so kommst du oben ins Regal! Anhand der genannten Beispiele erkennst du: Es kann so einfach sein! Kommuniziere liebevoll und mit Leidenschaft über dein tägliches Handeln, über dich, deine Ziele, Werte und Visionen. Menschen werden deine Leidenschaft bemerken und dir verzeihen, wenn in deiner Kommunikation darüber nicht alles perfekt läuft. Also keine Angst vor Hatern! Hätte ich damals Angst vor Hatern gehabt, hätte ich mich niemals auf das Abenteuer Sichtbarkeit eingelassen und vor allem niemals auf meine Sternstunde als Beziehungsexperte. Außerdem, sogar Pumuckl und die Biene Maya haben Hater – und die sind doch nun wirklich süß! **Wenn du von allen geliebt werden willst, dann komm bitte als Kaffeemaschine auf die Welt – dann stehen alle um dich herum und du wirst ständig gedrückt.**

Die Eifersucht und ich

Die Eifersucht und ich

Da ich mich als Redner etablieren wollte, verlief mein Weg logischerweise nicht in einer geraden Linie, sondern zeigte mir auch viele Umwege in die Sichtbarkeit. Stück für Stück gelang es mir, meine Schulden loszuwerden. Nachdem ich mich von der Gruppendiskussionsrunde der Volkshochschule aus hochgearbeitet hatte, wurde ich eines Tages sogar vom Fernsehen angefragt: Ich sollte in einer Show von Hans Meiser auftreten.

Hans Meiser war in den 80er-Jahren einer der großen Talkshow-Macher des deutschen Fernsehens. Er hatte ein berühmt-berüchtigtes, rotes Sofa, auf dem seine Talkgäste Platz nehmen durften, meist Experten zu unterschiedlichsten Gebieten. Auch ich verfolgte ab und zu seine Sendung und als die Anfrage, als Experte in seiner Show aufzutreten, auf meinen Schreibtisch flatterte, sagte ich zu, ohne groß zu überlegen. Eine Einladung ins Fernsehen! Ich hatte es geschafft! Voller Vorfreude und Euphorie flog ich nach Köln, ohne überhaupt ganz genau zu wissen, wie die Show ablaufen sollte. Ich war damals ziemlich naiv und hatte mich im Vorfeld nicht weiter darum gekümmert, um welches Thema es genau gehen sollte. Vor Ort wurde mir im Vorgespräch zur Talkshow dann mitgeteilt, dass das Thema der Sendung „Eifersucht" lautete.

Ich weiß bis heute nicht, wie die Redaktion der Talkshow damals auf mich gestoßen war, denn ich war mitnichten ein Eifersuchtsexperte. Zwar war ich schon ein paar Mal eifersüchtig gewesen, aber deshalb noch kein Experte zum Thema! Da ich aber nun schon im Studio war und nicht einfach wieder abreisen konnte, packte ich die Gelegenheit beim Schopf und machte mich bereit, als vermeintlicher Eifersuchtsexperte meinen ersten TV-Auftritt bei Hans Meiser zu absolvieren. Die restlichen Studiogäste waren eifersüchtige Paare, besonders harte Fälle. Die enorm unter Eifersucht leidenden Damen und Herren kontrollierten damals nicht nur die Telefonate des jeweils anderen, sondern schnupperten an diversen Kleidungsstücken (ich möchte das an dieser Stelle lieber nicht spezifizieren) des Partners, um festzustellen, was er oder sie wohl während der Abwesenheit eventuell angestellt haben könnte.

Bevor man mich damals in die Sendung entließ, gab man mir noch zwei wichtige Hinweise:

„Herr Scherer, es ist gar nicht so wichtig, was genau sie sagen, wichtig ist es, dass sie viel gestikulieren und leidenschaftlich reden, damit niemand den Sender wechselt.“ Ich nickte. „Und außerdem senden wir live.“ Ich schluckte.

Da stand ich nun als „Mr. Eifersucht“ und versuchte mit hektischen Gesten und Bewegungen die Aufmerksamkeit auf mein vermeintliches Expertenthema und mich zu lenken. Ich zeigte den Menschen, wie sehr wir in Gewohnheiten verhaftet sind und versuchte, Parallelen zum Thema Eifersucht zu ziehen. Anscheinend gelang mir das recht gut, denn RTL zeigte meinen Auftritt zum Jahresende als eines der Highlights des Jahres. Doch offen gestanden schämte ich mich ein wenig für den damaligen Auftritt. Es fühlte sich an, wie ein Regelbruch, denn schließlich gab ich vor, jemand zu sein, der ich gar nicht war. Aber gleichzeitig war es eine herrliche Erfahrung und ein wunderbarer Weg, um in die Fernsehwelt einzutauchen. **Und sind Regeln nicht dazu da, gebrochen zu werden?**

Bei all meinen Lehraufträgen, die ich mittlerweile an 18 europäischen Hochschulen innehatte, gab es auch immer wieder Lehraufträge am St.

Galler Managementseminar. Dort erzählte ich zum Thema Regelbruch die Geschichte des Esels und der beiden Bauern.

Es waren einmal zwei Bauern, die einen Esel für 400 Taler verkaufen wollten. Sie fütterten und pflegten den Esel, um ihn möglichst gut aussehen zu lassen, doch es war ein alter Esel und leider starb er, bevor er verkauft werden konnte. Einer der Bauern wurde sehr traurig. Sie hätten dringend das Geld gebraucht, um einen Pflug zu kaufen und er sah sich schon wieder mit der Schaufel die Reihen im Acker ziehen. Der andere Bauer, ein listiger Mann aber lächelte nur und sagte: „Lass mich mal machen.“ Zwei Wochen später kam er zurück und verkündete stolz, dass er für den toten Esel noch 398 Taler erhalten habe. Sein Kumpan wunderte sich natürlich und wollte wissen, wie es dem Schlitzohr gelungen war, noch 398 Taler für einen toten Esel zu erhalten. Der sagte: „Es war ganz einfach. Ich habe eine Tombola durchgeführt mit 200 Losen zu je 2 Talern. Der ausgelobte Hauptpreis war unser Esel. Die Leute rissen mir förmlich die Lose aus der Hand, denn die Chance, für zwei Taler einen Esel zu gewinnen, fanden sie sehr verlockend.“ Schon bald fand die Tombola statt, mit zahlreichen Nieten und einem Gewinn, dem Esel. „Ja, aber hat sich denn niemand beschwert? Schließlich war der Esel tot!“, fragte sein Kollege. „Doch, natürlich, der Gewinner hat sich beschwert“, sagte der findige Bauer. „Aber dem habe ich das Geld für sein Los zurückgegeben.“

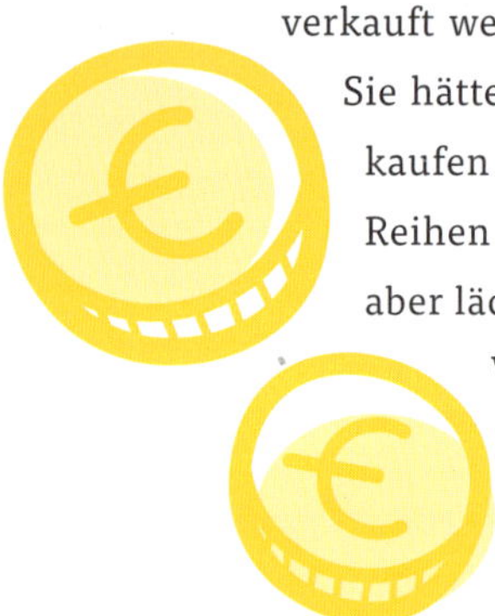

Manchmal müssen Regeln überwunden und außer Kraft gesetzt werden, um Dinge auszuprobieren und herauszufinden, wo man gerade steht, oder um festzustellen, wo man nicht stehen möchte. Um aus dem unteren Regal herauszukommen, musst du nicht als Eifersuchtsexperte im Fernsehen auftreten. Vielleicht reicht es auch aus, mit einer These herauszugehen und sichtbar zu werden, beispielsweise, dass dein Nusszopf noch besser ist als Sallys, die Corona-Pandemie zu vermehrtem Schimmelbefall führt oder, dass Hunde sowieso intelligenter sind als Menschen.

DEIN ROS

Dein ROS

Sichtbar sein ist gut und schön, magst du jetzt vielleicht erkannt haben. Aber heutzutage macht doch niemand mehr etwas ohne einen sogenannten „Return“. Return on investment, return on ads spent oder return on assets und noch viele „Returns“ mehr fliegen uns täglich um die Ohren. Vielleicht ist dir auch schon klar, welchen „Return“ Sichtbarkeit für dich haben kann, doch vielleicht auch noch nicht. Deshalb “Butter bei die Fische”: Welchen ROS, welchen Return on Sichtbarkeit kannst du also erwarten?

In einem Punkt bin ich mir absolut sicher: Du hast heute noch gar keine Vorstellung davon, was du alles im positiven Sinne bekommst, wenn du sichtbar wirst und bist. Für mich ist Sichtbarkeit der Generalschlüssel zu allem, der heilige Gral des Erfolgs, der Zaubertrank der Wirtschaft und der Turbo jeglichen Fortschritts. Sichtbarkeit ist ein Füllhorn, das seine Schätze über dir ausschütten wird, sobald du hinein investiert hast. Um die Investition in deine Sichtbarkeit kommst du also erst einmal nicht herum, doch dann wirst du überrascht sein, was alles geschehen wird.

Du wirst Anerkennung bekommen, und zwar sowohl für deine Leistung als auch deine Person und du wirst nicht mehr verkaufen müssen, sondern wirst stattdessen gekauft. Keine endlose Kaltakquise mehr, dafür Kunden, die sich bei dir melden, weil sie unbedingt mit dir arbeiten möchten und mit niemandem sonst. Durch den vermehrten Kundenstrom werden deine Umsätze steigen. Dadurch wachsen dein Vermögen, deine finanzielle Freiheit und damit einhergehend auch die generelle Freiheit in deinem Leben. Selbst wenn du Geld nicht als den wichtigsten Faktor deines Daseins betrachtest, so darfst du ihn nicht unterschätzen. Denn gerade in einem Staat wie Deutschland, in dem du selbst für eine optimale Gesundheitsvorsorge Geld benötigst, da unser – aus meiner Sicht absolut ungerechtes – Gesundheitssystem zwischen Privatpatienten und gesetzlich Versicherten unterscheidet, insbesondere da spielt Geld eine große Rolle. Lass mich dir ein Beispiel nennen: Wenn du eine schwere, kompliziert zu behandelnde Krankheit hast, benötigst du die beste Versorgung und Medikation, die du bekommen kannst. Leider werden die Kosten für diese Optimalversorgung nicht von den gesetzlichen Krankenkassen getragen. Schon häufig habe ich bei gesetzlich Versicherten erleben müssen, dass sie nicht oder wesentlich später als Privatpatienten mit den optimalen Mitteln behandelt wurden und deshalb länger leiden mussten.

Vielleicht denkst du jetzt, das wäre nicht so wichtig, denn du bist gesund. Doch was, wenn du um deine Gesundheit und dein Leben kämpfen müsstest? Würdest du dann auf dem Operationstisch sagen: „Ach wissen Sie, Frau Doktor, mein Leben ist mir nicht so wichtig, nehmen Sie ruhig die sparsame Operationsvariante." Oder möchtest du ihr stattdessen sagen können: „Egal was ist, geben Sie mir das Beste, was Sie haben. Koste es, was es wolle!" Bist du gesetzlich versichert, kann es durchaus sein, dass die zweite Variante für dich gar nicht möglich ist, dann wird die Ärztin dich nur müde anlächeln. Das ist nur ein Beispiel von vielen, warum Geld sinnvoll sein kann. Dabei bin ich noch gar nicht bei den teuren, aber wahrscheinlich weniger sinnvollen Dingen im Leben angekommen, wie wunderbare Immobilien, Autos oder Urlaube. Hast du viel Geld, kannst du noch mehr Gutes tun und dieses Geld etwa gemeinnützigen Organisationen schenken, das mache ich auch regelmäßig.

Doch dein Return on Sichtbarkeit ist unter Umständen nicht nur eine bessere medizinische Versorgung und ein fantastischer Urlaub. Du wirst mehr Wertschätzung und Anerkennung erhalten, als du es dir heute jemals vorstellen kannst. Viele Menschen werden auf dich aufmerksam werden und dich buchen und das schneller und zu höheren Preisen.

Denke doch einmal an all die Influencer, Fußballer, Promis oder Politiker, die Millionen verdienen. So viel Geld verdienen sie nicht nur aufgrund ihrer Leistung oder der besonderen Qualität ihrer Leistung, denn das wäre häufig gar nicht gerechtfertigt, nein, sie verdienen es, weil sie sichtbar sind. Sie sind Personenmarken und Marken werden nicht verkauft, sie werden gekauft. Denke nur einmal an ein iPhone. Du willst es und du kaufst es, egal, ob ein anderes Mobiltelefon eine längere Akkulaufzeit, eine bessere Kamera oder schlicht besseren Empfang hat. Oder den Ferrari. Ein Wagen, in dem du kaum Platz hast für einen Familienurlaub, der viel Sprit frisst und dich eigentlich nur von A nach B bringt, genauso wie ein Skoda. Doch du kaufst nicht nur ein Telefon oder ein Auto, sondern **immer auch das Gefühl, dass diese Dinge dir geben.** Sei es nun Status, Freiheit oder schlicht und ergreifend das Gefühl, dass du es dir leisten kannst. Und auch, wenn du keinen Ferrari oder gar Learjet brauchst, so wünsche ich dir doch, dass du so viel Geld im Leben hast, dass du dir alle Träume und Sehnsüchte erfüllen kannst. Damit du entscheiden kannst, ob du im Skoda oder im Ferrari in den Urlaub fährst.

Marken werden gekauft

Marken werden gekauft.

Bist du schon eine Marke? Der Leuchtturm deiner Branche, deiner Firma, auf Tinder? Oder musst du noch immer mühsam verhandeln? Über deine Gage, dein Gehalt oder Aufmerksamkeit? **Entweder du bist eine Marke – oder es geht um den Preis.** Das ist auch in den Clubs so: Manche sind eine Marke und andere geben einen Drink aus und damit einen Discount auf die eigene Person.

Wenn du das satthast, dann werde zur Marke deines Lebens, von einer Person zur Persönlichkeit, selbst wenn dir der Weg dorthin erst einmal holprig und endlos erscheint. Michael Jordan sagte einmal: „In meiner Karriere habe ich über 9.000 Würfe verfehlt und fast 300 Spiele verloren. 26-mal wurde mir der spielentscheidende Wurf anvertraut und ich habe ihn nicht verwandelt. Ich habe immer und immer wieder versagt in meinem Leben. Und genau deshalb bin ich erfolgreich."

Stolpern gehört auf deinem Weg zur sichtbaren Marke dazu. Sieh dir einmal die Welt an und vor allem diejenigen Menschen, die du als erfolgreich wahrnimmst. Was von diesen Menschen siehst du? Meist nur den aktuellen Status quo: Du siehst, wie diese Menschen im Scheinwerferlicht auf der Bühne stehen. Siehst den Jongleur, der mit Leichtigkeit acht Teller auf Stäben balanciert. Was du nicht siehst, ist wie viele Teller der Jongleur bereits zerbrochen hat, bevor diese Übung endlich funktioniert hat. Was du nicht siehst, sind über 9.000 Würfe, die nicht im Korb gelandet sind. Nicht die fünf Millionen D-Mark Schulden auf dem Konto. Du siehst nicht, wie viel Schweiß, Tränen und wie viel Versagen nötig waren, um diese Personen dorthin zu bringen, wo sie heute stehen – im Scheinwerferlicht.

Als ich früher auf der Suche nach meiner Rolle im Leben war, war ich eine Zeit lang sehr begeistert von Rolf Rohleder. Er galt damals als der Rhetorik-Papst und ich wollte genauso hart, gnadenlos, souverän und mit rhetorischem Feinschliff auf der Bühne stehen, wie er es tat. Er war mein großes Vorbild und ich sein größter Fan. Solange, bis ich eines Tages Samy Molcho erleben durfte, den Pantomimen, der ganz ohne großartige Rhetorik, dafür mit so viel Sanftheit, Zärtlichkeit und Weichheit die Menschen, insbesondere Frauen, geradezu dahinschmelzen ließ in seinen Vorträgen. Plötzlich war mir klar, dass ich auf keinen Fall mehr so werden wollte wie Rolf Rohleder, sondern unbedingt genauso wie Samy Molcho, nicht zuletzt auch deshalb, damit die Damenherzen mir nun endlich zufliegen würden. Mit diesem Fokus auf die Herren Rohleder und Molcho habe ich irgendwann gar nicht mehr gemerkt, wie sehr ich mich selbst vergessen hatte und es dauerte auch noch eine ganze Weile, bis ich das erkannte. Erst Jahre später habe ich mir vorgenommen, nicht so zu werden wie der eine oder der andere. Stattdessen nahm ich mir vor, einfach Hermann Scherer zu werden und zu sein, was übrigens schwierig genug ist, denn ich glaube, die Reise zur eigenen Persönlichkeit hört erst mit dem Tode wirklich auf, und vielleicht noch nicht einmal dann.

Zwei Zitate haben mich seither in meinen Leben begleitet und mir auf dieser Reise zu mir selbst immer Kraft und Mut gegeben, an mich selbst zu glauben. Eines davon, es stammt von Karl Lagerfeld, lautet: **Persönlichkeit fängt dort an, wo der Vergleich aufhört.**

Was macht aus deiner Sicht Persönlichkeit aus? Immer wieder fällt hierbei der Begriff Authentizität. Bist du nicht authentisch, bist du vermeintlich nicht du selbst. Auf der andauernden Reise zu mir selbst ist mir klar geworden, und diese Meinung mag durchaus sehr polarisierend sein, dass mir der Begriff der Authentizität mittlerweile zu sehr strapaziert wird. Viele Menschen wollen absolut authentisch sein, nur das scheint der heilige Gral zur eigenen Persönlichkeit und Personenmarke zu sein, glaubst du so manchen Gurus auf dem Markt. Ich denke stattdessen, dass Authentizität, zumindest am Anfang der Sichtbarkeit, nie ganz gelingt. Aus meiner Sicht gibt es echte Authentizität gar nicht. **Irgendwie schlüpfen wir doch alle in die Rollen, die das Leben uns gerade abverlangt und setzen uns diverse Hüte auf.** Diejenigen Hüte, die gerade in der Situation, in der wir uns befinden, erforderlich, also authentisch sind.

Wenn Männer etwa eine Banklehre beginnen, dann müssen sie meistens einen Anzug tragen. Die wenigsten 18-jährigen, die ich kenne, sind von Hause aus geborene Anzugträger. Sie fühlen sich anfangs in Sakko und Stoffhose unwohl und vollkommen unauthentisch. Haben sie allerdings 30 Jahre in der Bank verbracht, dann ist es für sie fast unvorstellbar, ohne Anzug herumzulaufen und schon manch Bankangestellter hat den neumodischen „Casual Friday" argwöhnisch beäugt und schnell seine Krawatte festgezogen. Am Ende ihres Lebens werden diese Menschen sogar noch in einem Anzug in den Sarg gelegt und beerdigt und das, obwohl sie vielleicht im Herzen eher authentische Jogginghosenträger waren.

Auch ich war lange Zeit auf der Bühne nicht authentisch. Unabhängig davon, dass ich ein sehr introvertierter Mensch bin und mich sowieso in meinen Anfangszeiten innerlich immer sehr am Riemen reißen musste, um auf die Bühne zu gehen, glaube ich auch, dass man auf einer Bühne ganz anders agieren und auftreten muss als im Alltag. Wenn du beispielsweise vor einer kleinen Gruppe von zwei bis drei

Personen sprichst, dann ist das eher wie ein normales Gespräch, eine Diskussion. Stehst du aber auf einer Bühne vor 10.000 Menschen, dann wirst du anders agieren müssen als vor zwei Menschen. Wenn gefühlt 700 Scheinwerfer auf dich gerichtet sind, dann werden deine Körperspannung und Körperhaltung ganz anders sein als zu Hause in deinem Wohnzimmer. Deine Gesten und deine Art und Weise, dich zu bewegen und auf der Bühne zu agieren, musst du anpassen, wenn du Menschen auch noch in der letzten Reihe begeistern willst. Bist du deshalb schon unauthentisch? Oder bist du gerade dann authentisch, wenn Menschen sich von dir abgeholt fühlen? Wenn sie sich wohlfühlen und dir gerne zuhören?

Wer entscheidet über Authentizität? Du oder dein Gegenüber? Und was passiert in Extremsituationen? Kannst du dann noch authentisch sein, beispielsweise wenn du Angst hast? Oder führen uns gerade Extremsituationen wieder zurück in unsere Authentizität?

100
TAGE
ANGST

100 TAGE ANGST

Michelle Poler hatte Angst. Schon immer. Angst vor Hunden, Angst vor Schmerzen, Angst davor, nachts Auto zu fahren, aber auch Angst davor, stolz auf sich zu sein. Angst, sich fallenzulassen, Angst vor Veränderung, vor Erfahrungen, vor Menschen zu sprechen (übrigens eine Angst, die viele mit ihr teilen) und Angst, sich ihren Ängsten zu stellen. Angst vor der Welt. Doch eine Angst war schlimmer als alle anderen und beherrschte sie: Die Angst, sich ihren Ängsten NICHT zu stellen. Die Angst, dass ihre Ängste irgendwann ihr Leben übernehmen würden, sie zu einem wimmernden Etwas machen würden, das nur noch zusammengekauert in der Ecke eines Zimmers dahinvegetiert.

Im Jahr 2015 entschloss Michelle daher, ihr Leben komplett zu ändern. Sie hatte keine Lust mehr darauf, ihr Leben beherrschen zu lassen, denn sie erkannte, dass ihre Ängste sie daran hinderten, ihr Leben zu 100 Prozent zu leben. Also machte sie sich auf, ihrer Angst zu begegnen und sie zu besiegen. Jeden Tag ein wenig mehr, 100 Tage lang. Sie überlegte, wovor sie am meisten Angst hatte, und schrieb eine Liste. Eine Liste voller Gefahren, Überwindungen und ekelhafter Dinge, denen sie sich stellen würde. Angst hin oder her.

Michelle ließ sich also unter anderem waxen, tätowieren, sang in einer U-Bahn-Station, sprang von einem Felsen und aus einem Flugzeug, umarmte wildfremde Menschen, sprach mit Obdachlosen, kündigte ihren Job, bemalte nackte, wildfremde Menschen, verbrachte einen kompletten Tag ohne ihr Mobiltelefon, wickelte ein Baby und ließ sich eine Schlange um den Hals legen. An ihrem einhundertsten Tag der Angst stand sie bei einer TED-Talks[2] Veranstaltung in Houston, Amerika auf der Bühne, vermutlich mit schlotternden Knien, und begann

---

[2] TED Talks (Technology, Entertainment, Design), sind inspirierende Vortragsreihen, die ihren Ursprung als Innovations-Konferenzen in Amerika hatten und mittlerweile weltweit stattfinden.

ihre Rede mit den Worten: „Today, right here, right now, I´m facing my 100th fear.“ (Heute, genau hier, genau jetzt, stelle ich mich meiner einhundertsten Angst.)

Während ihres Vortrags erzählte sie dem Auditorium, wie es dazu gekommen war, dass sie sich einhundert Tage lang ihren einhundert schlimmsten Ängsten gestellt hatte. Eine ihrer Mentorinnen hatte Michelle zum Abschluss der Ausbildung zum Master of Arts in Branding die Aufgabe gestellt, zu beschreiben, wie ihr bestmögliches, genialstes und schönstes Leben in zehn Jahren aussehen sollte. Diese Aufgabe fand Michelle zum einen befreiend, zum anderen absolut beängstigend. Wie sollte sie ihr Leben beschreiben, das momentan hauptsächlich von Ängsten gesteuert wurde? Doch sie schob alle Bedenken beiseite, dachte groß und beschrieb ihr allerbestes Leben in den buntesten Farben. **Ängste gehörten nicht zu ihrer Vorstellung eines perfekten Lebens.**

Als diese Herausforderung beendet war, stellte die Mentorin Michelle eine weitere Aufgabe: Nun sollte sie überlegen, welche Dinge ihr bestes Leben verhindern könnten. Dinge, vor denen sie Angst hatte, Dinge, die sie sich nicht traute, und vor allem sollte Michelle herausfinden, was der eine, absolut kritische Faktor war, der ihr bestes Leben verhindern würde. Michelle musste nicht lang überlegen. Sie wusste genau, was dieser Faktor war: ihre Angst. Ihre Ängste würden sie mit ziemlicher Sicherheit davon abhalten, ihr bestes Leben jemals zu leben. Also lag es an ihr: Entweder sie stellte sich ihren Ängsten und machte sich auf den Weg zu ihrem genialen Leben oder konnte sich direkt in irgendeiner Ecke zusammenkauern. Michelle entschloss sich für die erste Variante: 100 Tage Angst. Ein für alle Mal wollte sie ihren Ängsten begegnen, sie besiegen und sich ihr Leben zurückholen.

Als sie 39 Tage lang ihre Liste abgearbeitet hatte und einem Teil ihrer Ängste begegnet war, entdeckte Michelle, dass es Gemeinsamkeiten gab. Beispielsweise hatte sie zwar beim Blutspenden keine Angst vor Nadeln, aber sehr wohl vor Schmerzen. Sie hatte auch keine Angst davor, Karaoke zu singen, aber sehr wohl davor, sich zu blamieren. Sie hatte keine Angst davor, in New York, der Stadt, in der sie damals lebte, um Geld zu betteln, aber sie hatte große Angst vor Ablehnung. Michelle hatte also gar nicht 100 verschiedene Ängste, sondern sie ließen sich auf die folgenden sieben Hauptängste herunterbrechen:

- Schmerz
- Gefahr
- Ekel
- Verlegenheit
- Ablehnung
- Einsamkeit
- Kontrollverlust

Jetzt wusste sie, dass sich ihre Ängste kategorisieren ließen. Ihre Angst etwa, vor Publikum zu sprechen, war in Wirklichkeit Angst vor Ablehnung. Ihre Angst vor Waxing oder Piercing war gar nicht die Angst vor einem Piercing, sondern vor den Schmerzen, die damit einhergingen. Jetzt hatte sie der Ehrgeiz gepackt und sie forschte weiter nach. Woher kamen diese Ängste überhaupt? Irgendwie mussten diese Ängste sich entwickeln, denn schließlich war sie nicht schon als Baby mit der Angst vor Publikum oder vor einem Piercing auf die Welt gekommen. Worauf also basierten ihre Ängste?

Wir alle kommen mit universellen Werten auf die Welt. Nach und nach entwickeln wir kulturelle und individuelle Werte dazu. Schmerz, Gefahr und Ekel beispielsweise sind universelle Werte. Werte, die uns von Geburt an mitgegeben werden und uns schützen sollen. Entsprechende Ängste, die auf diesen Werten basieren, haben also durchaus ihre Berechtigung, das erkannte auch Michelle. Verlegenheit und Ablehnung dagegen hatten ihre Wurzeln in den kulturellen Werten, mit denen Michelle aufgewachsen war. Es war in Amerika gesellschaftlich (so wie in vielen anderen Ländern wohl auch) nicht anerkannt, nackte Menschen zu bemalen oder in Badekleidung durch die Fußgängerzone zu laufen. Daher waren ihr diese Tätigkeiten unangenehm, denn ihre Werte wurden verletzt und das fürchtete sie. Ihre persönlichen Ängste, Einsamkeit und Kontrollverlust, ergaben sich aus Michelles Geschichte, der ihrer Vorfahren und dem Ort, wo sie aufgewachsen war. Auch diese Ängste hatten ihren Hintergrund und gewissermaßen auch ihre Berechtigung.

Berechtigung hin oder her: Michelle fragte sich, ob es sie glücklich machen würde, wenn sie ihre Zukunft weiterhin von ihrer Vergangenheit bestimmen ließe, wenn sie kulturelle und gesellschaftliche Werte über ihr glückliches Leben stellte. Schnell war klar, dass die einzige Chance auf ihr bestes Leben die war, diese Ängste zu identifizieren und nicht mehr länger zu ignorieren, so wie viele von uns es tun, sondern ihnen entschlossen gegenüberzutreten. Also machte sie weiter und stellte sich täglich einer Angst. Ihre Ängste waren damit natürlich nicht sofort weg und häufig genug malte sie sich die schlimmsten Szenarien aus, die jedoch nie eintrafen. Nicht eine der 100 Situationen war letztlich so schlimm, wie Michelle es sich im Vorfeld ausgemalt hatte. Stattdessen wiederholte sich bei jeder Herausforderung ein Muster aus Kopfkino, Mut, der Aktion selbst und einem ganz besonderen Moment danach.

Dem Moment, in dem sie immer wieder realisierte, dass sie es geschafft hatte. Dass sie ihre Angst besiegt hatte. Der Moment, in dem sie der Welt mitteilen konnte, dass sie erfolgreich gewesen war – ihr Moment der Sichtbarkeit.

Ich finde diese Geschichte sehr inspirierend und möchte dich an dieser Stelle einladen, folgende Frage für dich zu beantworten: **Welche Ängste halten dich noch davon ab, dein bestes Leben zu leben?**

Angst ist eine mächtige Emotion und dein Ziel sollte gar nicht sein, Angst komplett abzustellen, denn sie bewahrt uns davor, mit voller Geschwindigkeit gegen eine Wand zu fahren oder jede Spinne tätscheln zu wollen. Wir alle sind Nachfahren derjenigen Steinzeitmenschen, die sich vor dem Säbelzahntiger auf den Baum gerettet haben, weil sie Angst vor ihm hatten. Die anderen, die Mutigen, Furchtlosen, die haben es leider nicht geschafft. Angst als Emotion hat deshalb evolutionsbedingt ihre Berechtigung und sorgt für unser Überleben. Wenn du anfängst, dich deinen Ängsten zu stellen, dann kommen weitere, mächtige Emotionen hinzu und können Angst überdecken. Emotionen wie Überraschung, Neugier, Freiheit oder auch Aufregung. Deine Angst gehört zu dir, also akzeptiere sie als Emotion, aber lasse dich nicht durch sie daran hindern, sichtbar zu werden und dein bestes Leben zu leben. Vielleicht brauchst du, genauso wie Michelle, 100 überwundene Situationen, um dich danach auf die Bühne zu stellen. Vielleicht brauchst du aber auch nur eine. Was wäre, wenn nur eine Aktion, eine überwundene Angst, dazu führen könnte, dass dein Leben sich verändert?

Ich lade dich an dieser Stelle ein, dir eine Angst zum Thema Sichtbarkeit herauszusuchen, die du in der kommenden Woche angehst. Vielleicht drehst du dein erstes YouTube-Video, schreibst deine erste Pressemeldung, fragst die Person deiner Träume, ob sie dich heiraten möchte, oder bittest deinen Chef oder deine Chefin endlich um eine

Gehaltserhöhung. Oder du beginnst damit, die Bühne zu erobern und wenn ich Bühnen meine, dann meine ich immer verschiedene Arten von Bühnen. Nicht nur die Bühnen, auf denen die Rockstars des Speakerbusiness sprechen, wie Kongresse oder Großveranstaltungen. Nein, ich meine damit auch die kleinen Bühnen. Intellektuelle Bühnen, Diskussionsbühnen, Gesprächs- und literarische Bühnen, Kaminabende, Erfahrungsgruppen, Foren. Auch Social Media ist eine Bühne, die du oder auch dein Unternehmen, deine Dienstleistung oder deine Idee erobern können.

Gib deinen Ängsten keine Macht, über dein Leben zu bestimmen. Stelle dich ihnen, noch heute. Überwinde dich und hole dir dein bestes, glücklichstes Leben. **Gib dich ganz!**

DEINE PRÄMIE

Deine Prämie

Glück ist in meinen Augen nichts anderes als eine Überwindungsprämie. Eine Prämie für die Überwindung von Ängsten, aber nicht nur. Mittlerweile ist die Wissenschaft dem Glück längst auf der Spur und stellt sich die Fragen: Was ist Glück? Wie können wir glücklich werden? Dabei kristallisieren sich mittlerweile zwei Antworten glasklar heraus. Eine davon ist, dass wir Glück immer dann empfinden, wenn wir achtsam genug sind, dieses Glück, und sei es noch so klein, wahrzunehmen. Dann, wenn wir etwa dankbar sind, dass wir leben und gesund sind. Wenn wir den Augenblick auskosten, das schöne Wetter und die wohltuenden Sonnenstrahlen genießen und die Schönheit im Hier und Jetzt erkennen. Wenn wir achtsam im Hier und Jetzt sind. Klingt einfach, oder? **Glück ist eine Überwindungsprämie.**

Offen gestanden fällt es mir persönlich schwer, diese Art von Glück wahrzunehmen. Deshalb schätze ich eine andere Möglichkeit, Glück zu erlangen, nämlich Glück als Überwindungsprämie. Wir sind beispielsweise immer dann glücklich, wenn wir uns zu einer bestimmten Sache überwunden haben. Wenn wir unsere persönlichen Grenzen erweitert und etwas getan haben, was uns nicht gerade leichtgefallen ist, wir uns unseren Ängsten gestellt haben. Den diversen Möglichkeiten, Glück als Überwindungsprämie zu erlangen und zu fühlen, sind hierbei keine Grenzen gesetzt: Eine erfolgreich absolvierte Prüfung, ein erreichter Meilenstein, eine bewältigte Herausforderung, also alles, was für uns Überwindung dargestellt. Aus diesem Blickwinkel betrachtet gelten auch jegliche Sportarten streng genommen als Überwindungsprämien. Nehmen wir etwa das Bergsteigen. Ein Bergsteiger erklimmt einen Berg, legt oben eine Pause ein, macht ein Selfie am Gipfelkreuz und klettert wieder hinunter. Pragmatisch gesehen, hätte er genauso gut unten im

Tal bleiben können, jedoch wäre ihm dann das Glücksgefühl vorenthalten geblieben, das er verspürt hat, als er endlich oben angekommen war, als er den Berg überwunden hatte.

Wenn Du also wirklich glücklich sein und bleiben willst, dann überwinde dich. Überwinde dich täglich – ja sogar mehrfach täglich – und du wirst auch mehrfach täglich glücklich sein. Was hat das nun mit Sichtbarkeit zu tun? Ganz einfach: Auch deine erste Aktion, um in die Sichtbarkeit zu kommen, also deine erste Überwindung, sichtbar zu werden, ist ein weiterer Schritt zum Glück! Ist das nicht grandios?

Wir können im Leben so viel erreichen. Wir müssen nur die Eintrittskarte am Kassenhäuschen des Lebens bezahlen. „Pay the bill" würden manche sagen. Es ist gut, dass uns das Leben etwas abverlangt, denn wenn wir alles geschenkt bekommen, dann bekommen wir nicht nur die Geschenke, sondern langfristig auch die Geisteshaltung, dass wir alles geschenkt bekommen. Und diese Geisteshaltung mindert den Anspruch, für sich, sein Leben, sein Glück etwas zu investieren. Dann verliert sich das Glücksempfinden und das Glück im Leben. **You must be hungry.**

Genau die Dinge, mit denen du jetzt noch haderst und dich dabei nicht wohlfühlst, sei es jetzt der erste Schritt in die Sichtbarkeit oder etwas völlig anderes, genau diese Dinge können genau jene sein, die dir im Nachhinein das größte Glück schenken. Natürlich nur, wenn du es schaffst, deine Ängste zu überwinden und nicht deiner inneren Stimme nachgibst, die dich in deiner kuscheligen Komfortzone halten will.

Diese innere Stimme kenne ich auch und ich habe sie irgendwann „Toxi" getauft, denn sie giftet mich immer ein wenig an und macht mir

Angst. Da ich aber nicht gewillt bin, diese Angst anzunehmen, gehe ich mit „Toxi“ in den Dialog und ersuche ihn, die anstehende Herausforderung trotz allem anzunehmen, denn schließlich ist genau deren Bewältigung ein Mittel zum Glück. An dieser Stelle erinnere ich mich an einen Vortrag, den ich vor einigen Jahren im Marketing Club München gehalten habe. Zu Beginn meiner Karriere als Redner war ich eher dafür bekannt, langweilige, trockene und wenig bewegende Vorträge zu halten. Ich hatte Angst vor dem Herausstechen, davor, meine Persönlichkeit zu zeigen und mein „Toxi“ hielt mich brav zurück: Schlag nicht über die Stränge. Du könntest dich blamieren! Bleib besser zu Hause auf dem Sofa! Bisher hatte ich auf ihn gehört, doch dieses eine Mal sollte es anders werden. Ich startete einen inneren Dialog mit meinem „Toxi“ und gab ihm zu verstehen, dass ich diesmal alles geben würde, egal was er mir zurufen würde. Ich ging also auf die Bühne und ließ alle Hemmungen fallen: Ich war dynamischer, impulsiver, lauter, stärker und wilder als jemals zuvor, während mein „Toxi“ völlig ausflippte und mir gewissermaßen ins Ohr schrie: Das kannst du doch nicht machen! Das darfst du nicht tun! Das ist zu viel! Das ist zu wild! Du flippst doch vollkommen aus!

Doch weißt du was? Ich habe nicht auf seine Worte und sein Geschrei gehört und habe wirklich alles gegeben, um so leidenschaftlich wie möglich zu performen. Ich wollte mich überwinden, egal was „Toxi“ sagte. Als der Vortrag vorbei war und ich komplett erschöpft von der Bühne ging, schlich ich mich leise zur Ausgangstür. Erst jetzt wurde mir bewusst, was ich da getan hatte und ich fürchtete mich vor den negativen Kommentaren, die mich jetzt erwarten würden. Als ich die ersten Teilnehmenden fragte: „Na, wie war es?“, traf mich im positiven Sinne fast der Schlag, denn das Feedback war wie folgt: „Hermann, heute konnten wir zum ersten Mal ein wenig von deiner Leidenschaft spüren.“ In diesem Augenblick wurde mir Folgendes klar: Wir haben häufig ein so schreckliches und verzerrtes Bild von uns selbst und von dem, was wir tun, dass wir der festen Überzeugung sind, damit anzuecken und als außergewöhnlich und komisch abgestempelt zu werden. Dabei nehmen uns die Menschen vollkommen anders wahr, als wir und unser „Toxi" es tun. Ich habe durch diese Erfahrung gelernt, viel mehr an mich selbst zu glauben und mehr auf mich zu hören – immer mit dem Fokus darauf, dass Glück eine Überwindungsprämie ist – und im Gegenzug weniger darauf zu achten, was „Toxi" von sich gibt. **Wir dürfen die Lächerlichkeit durchbrechen.**

Unser „Toxi" ist intelligent und Intelligenz kann unter Umständen unser Feind sein. Je intelligenter wir nämlich sind, je mehr wir auf unseren „Toxi" hören, desto mehr Gründe finden wir, warum wir gewisse Dinge nicht machen dürfen. Intelligenz ist unser Feind – zumindest manchmal. Ich möchte sogar so weit gehen, dass unsere gesamte Gesellschaft viel zu viel auf ihre „Toxis" hört und deshalb in Angst erstarrt. Definitiv möchte ich nicht zu denjenigen Menschen gehören, deren Ängste und Zweifel dermaßen groß geworden sind, dass sie ihr ganzes Leben bestimmen und ruinieren.

Nicht umsonst kommen im Wort „Gesellschaft" gleich zwei Tiere vor: der Esel und das Schaf. Weder das eine noch das andere möchte ich sein. Sei lieber der Hirte statt das Schaf. Ich möchte ein Leben genießen, das mein Licht zum Leuchten bringt. Ein Leben, das meine Qualität sichtbar macht. Ein glückliches Leben mit vielen Überwindungsprämien.

Der rote Teppich deines Lebens

Der rote Teppich deines Lebens

Nachdem du jetzt weißt, dass Glück eine Überwindungsprämie ist, dein innerer „Toxi“ aber eigentlich möchte, dass du schön brav auf dem Sofa sitzt, kommt nun noch ein weiterer Saboteur ins Spiel, der dich sehr stark in Richtung Ich mach mal lieber nichts, als das Falsche führen kann: deine Zweifel. **Zweifel lassen dich verharren, während die Aussicht auf die Überwindungsprämie Glück dich in Aktion bringt.** Lass uns kurz etwas rechnen: Denke an eine Zahl von eins bis zehn. Wenn du diese definiert hast, verdoppele diese Zahl. Addiere im nächsten Schritt bitte zehn dazu und dividiere dein Ergebnis durch zwei. Zu guter Letzt ziehe bitte von dem Ergebnis die von dir anfangs erdachte Zahl ab. Ich kann dir jetzt schon sagen, welches Ergebnis bei deiner Rechnung rauskommt. Egal, welche Zahl du primär im Kopf hattest – das Ergebnis ist immer fünf.

Verblüffend, oder? Was möchte ich dir nun mit dieser kleinen Rechenaufgabe sagen? Nicht, dass ich ein verkappter Gedankenleser bin und magisch weiß, welche Zahl du dir ausgesucht hast, sondern dass du automatisch jedes Mal, wenn du in deine Zweifel verfällst, ins Nichtstun, ins Abwarten, ins Aufschieben und Zögern kommen wirst – und zwar IMMER, genauso wie die obige Rechnung immer fünf ergibt. Wenn du jedoch eine Überwindungsprämie in Aussicht hast und die Herausforderung annimmst, wirst du etwas erreichen. Du wirst immer einen Schritt weiterkommen und selbst wenn du am Ende nicht das erreicht hast, was du erreichen wolltest, hast du dennoch etwas gelernt oder eine weitere wertvolle Erfahrung dazugewonnen und kannst dir – um auf unsere kleine Rechnung von soeben zurückzukommen – ein absolut verdientes „High Five“ geben.

Dabei ist es deiner Überwindungsprämie ganz egal, ob du Talent hast oder nicht, einen Nusszopf backen kannst oder ein Hundeflüsterer bist. **Ich habe mich nie auf meine Talente verlassen. Mir war das schlichtweg zu risikoreich.** Stelle dir vor, meine Talente wären nicht so herausragend gewesen, wie ich es erhofft hätte, dann wäre ich dagestanden voller Hoffnung – aber ohne Ergebnis. Allein das Hoffen auf Erfolg halte ich in diesem Zusammenhang für sehr gefährlich, denn Hoffnung tötet Handlung. Wir hoffen immer darauf, dass sich die Welt bessert, dass andere uns erkennen und etwas für uns tun. Wir hoffen auf den Verband, die Gemeinschaft, die Politik, die Vorgesetzten oder den Partner. Doch die Einzigen, die wirklich für uns verantwortlich sind, sind in der Regel wir selbst. Wir sind meist auch die Einzigen, die wirklich etwas für uns tun können und vor allen Dingen auch wollen.

Doch noch einmal zurück zum Talent. Die Stanford-University hat festgestellt, dass spezielle Talente und Kompetenzen gar nicht so entscheidend für Erfolg sind. Zukünftige Jura-Studenten wurden in der Studie nach der Fähigkeit beurteilt, wie sie mit Paragrafen umgehen können und zukünftige Mathematik-Studenten hinsichtlich ihrer Fähigkeit, mit Zahlen umzugehen. Das alles sind sehr berechtigte und probate Vorgehensweisen, schließlich wären entsprechende Talente in diesen Bereichen hervorragende Voraussetzungen für die gewählten Berufe. Die Universität stellte im Laufe der Studie fest, dass bei all dem Fokus auf die Talente ein entscheidendes Element vergessen wurde, denn obwohl einige der Studienteilnehmer optimale Voraussetzungen mitbrachten, sei es nun mathematischer oder akribischer Art, schafften sie es trotzdem nicht, ihr Studium zu beenden. Aber warum? Schließlich waren sie absolut talentiert und die Voraussetzungen passten! Die Forscher fanden heraus, dass der Abbruch des Studiums nicht in der

Kompetenz der Teilnehmenden begründet lag, sondern vielmehr **in ihrer Fähigkeit, mit den eigenen Zweifeln umzugehen.**

Schlussendlich überfallen uns alle, selbst die Besten von uns, manchmal Zweifel. Wenn wir dann nicht in der Lage sind, mit diesen Zweifeln umzugehen, hat das eine größere Auswirkung auf unser weiteres Leben, unser Vorankommen und insbesondere unsere Sichtbarkeit, als vielleicht von der grundsätzlichen Kompetenz her nur mittelmäßig zu sein. Also dürfen wir lernen, mit unseren Zweifeln umzugehen, denn dass dich die Welt wiederholt ins Zweifeln bringen kann und wird, steht außer Frage. Wenn du ein Dorf beispielsweise in großen Aufruhr versetzen willst, brauchst du bloß am falschen Tag die Mülltonne nach draußen fahren und du wirst erleben, wie plötzlich alle zu zweifeln beginnen: „Kommt die Müllabfuhr nicht eigentlich morgen? Aber wenn der Meier die Tonne jetzt schon rausfährt, dann muss es doch heute sein, oder nicht?“

Natürlich haben wir alle manchmal Grund zu zweifeln, weil wir Macken haben und das ist gut so. **Marken haben Macken** und sind nicht aalglatt. So ist etwa die Macke des Tennis-Courts in Wimbledon, dass du dort nur in weißer Sportkleidung spielen darfst, ansonsten kommst du nicht auf den Platz. Die Macke von McDonald ist eine Gurke. Über 60 Prozent aller Kunden mögen die Gurke im Hamburger nicht. Jeder vernünftige Marktforscher würde nun sagen: „Wenn über 60 Prozent die Gurke nicht mögen, dann lasst sie doch weg!“ Aber damit wäre auch die Macke und damit ein Teil der Marke beseitigt. Und, ganz ehrlich, machen wir nicht erst durch das Entfernen der Gurke den Burger zu unserem Burger? Gehört das Erlebnis des Gurkenentfernens nicht einfach dazu?

Was Menschen aus Macken machen können, zeigt deutlich die außergewöhnliche Geschichte von Jay Freireich. Er hatte wahrlich eine besondere Macke, nämlich seine Unmenschlichkeit, die er aufgrund seiner Erziehung entwickelt hatte. Und vielleicht war genau diese Unmenschlichkeit das, was Jay Freireich dorthin gebracht hat, wo er heute steht. Vielleicht haben ihn seine Macken zum Retter vieler Kinder und Menschen gemacht.

Emil „Jay" Freireich lebte als Sohn ungarischer Einwanderer in den 1920er und 1930er-Jahren in Chicago. Schon als Junge erlebte er eine Tragödie: Sein Vater beging kurz nach dem Börsencrash von 1929, in dem die Familie alles verlor, Selbstmord. Jays Leben war hart, die Familie konnte sich kaum etwas leisten. Geld für Fleisch gab es selten und selbst die Milchflasche war mit 5 CT noch zu teuer, sodass Jay stundenlang zu einem Supermarkt lief, in dem die Milchflasche nur 4 CT kostete. Um die Familie weiterhin über Wasser zu halten, arbeitete Jays Mutter hart und er bekam sie kaum zu Gesicht. Ein Kindermädchen, das für Jay als Ersatzmutter fungierte, kümmerte sich stattdessen liebevoll um ihn. Als Jays Mutter einen älteren Ungarn heiratete, um die Ernährung ihrer Kinder zu sichern, wurde seine Nanny allerdings entlassen. Jay hasste seinen Stiefvater dafür, denn seine einzige Bezugsperson war von einem Tag auf den anderen verschwunden. Jay überwand diese Enttäuschung nicht, zog sich zurück und lebte mehr und mehr auf der Straße. Er stahl, um zu überleben und verschloss sein Herz.

Im Alter von neun Jahren bekommt Jay eine Mandelentzündung. Der Hausarzt der Familie kommt in die Wohnung, um die entzündeten Mandeln zu entfernen. Jay empfindet den Arzt als bemerkenswert: Nur selten hat er vorher einen erwachsenen Mann gesehen, der nicht in schmutzigen Arbeitsklamotten herumgelaufen ist. Jay wird wieder gesund und träumt ab sofort davon, Arzt zu werden. Trotz der Armut der Familie kann Jay die Schule besuchen. Er schafft es bis in die Highschool und dort ermuntert ihn sein Physiklehrer dazu, zu studieren. Dafür benötigt Jay 25 Dollar, eine unglaublich hohe Summe für die damalige Zeit (1942). Doch seine Mutter treibt das Geld für ihn auf. Jay ist ein guter Student, arbeitet nebenher als Kellner und erhält einen Studienplatz in Medizin.

Normalerweise kommen Ärzte zur damaligen Zeit aus der Mittelschicht. Doch Jay fällt mit seiner lauten Gossensprache und seinen 1,95 m Körpergröße auf – und aus dem Rahmen. Er redet ununterbrochen, ist aufbrausend und schlägt mit der Faust auf den Tisch, wenn ihm etwas nicht passt. Einfühlungsvermögen kennt er nicht. Seine Macke ist, dass er von der Straße kommt und genau das zeigt sich nun in seinem Verhalten. Trotz aller Widerstände lebt er seine Macke aus und genau das macht ihn schlussendlich zur Marke. Er fällt auf, wird sichtbar und bekommt, was wer will. Freireich spezialisiert sich während des Studiums auf das Fachgebiet der Onkologie und arbeitet schließlich erfolgreich in diesem Bereich. Noch immer hat er, trotz seines fortgeschrittenen Alters, eine kurze Zündschnur und es macht ihn wütend, wenn andere Ärzte behaupten, dass Fälle aussichtslos sein. Mehr als allen anderen ist ihm, trotz oder gerade aufgrund seiner schweren Kindheit klar, dass Menschen Hoffnung brauchen, um zu überleben. Er verfolgt sein Ziel, Menschen zu helfen, mit großem Nachdruck und leidenschaftslos, widmet sich der Forschung über die heimtückische Krankheit Leukämie und ist einer der ersten Ärzte, der Chemotherapeutika gegen Krebs mitentwickelt. Vielen Menschen rettet er dadurch das Leben.

---

[3] *Khalil Gibran war ein libanesisch-US-amerikanischer Maler, Philosoph und Dichter. Quelle: Wikipedia*

Trotz seiner harten Kindheit hat Jay das Beste aus sich herausgeholt. Wenn also Jay Freireich mit seiner Historie und seinen Macken das konnte, was hält dich dann davon ab, das Beste aus deiner Situation zu machen? Kultiviere deine Macken, sie können ein wunderbares Geschenk für dich und die Menschheit sein und vielleicht sogar Leben retten. Du bist ein Geschenk für die Welt.

Wenn du jetzt noch immer zweifelst, wartest, zögerst und zauderst, dann möchte ich dir noch einen Tipp mitgeben: **Du musst das Rad gar nicht neu erfinden.** Die meisten Menschen glauben, dass sie irgendetwas Einzigartiges und Außergewöhnliches tun müssen, um etwas in dieser Welt zu bewegen. Ich möchte es allerdings anders formulieren: **Ich weiß und bin mir dabei vollkommen sicher, dass du per se bereits einzigartig und außergewöhnlich BIST.** Deswegen muss deine Tätigkeit gar nicht so einzigartig sein, wie du immer glaubst. Denke noch mal zurück an unseren Schimmelfahnder oder Sally mit ihrem Nusszopf. Es gibt sicherlich zahlreiche weitere Schimmelexperten und Nusszopf-Bäcker im deutschsprachigen Raum, doch die Persönlichkeit dieser beiden Menschen und das, was sie daraus gemacht haben, ist absolut einzigartig.

Wahrscheinlich hast auch du schon vom sogenannten „Alleinstellungsmerkmal", dem USP (Unique Selling Proposition) gehört. Zum Beispiel glauben viele Fotografen, dass sie nicht einfach „nur" Fotograf sein dürfen, sondern sich „spitz" in einer Nische positionieren müssen. Sie denken, dass sie anders nicht erfolgreich sein können. Viele Menschen, vor allem Selbstständige und Unternehmer, die diesen Irrsinn des Alleinstellungsmerkmals auf die Spitze treiben, erklären mir oftmals lang und breit: „Ich bin jetzt Fotograf für Tierfotografie – und zwar nur noch für Katzen und das ausschließlich für rote Perser nach der Trächtigkeit." Du denkst, ich übertreibe? Na ja, vielleicht ein wenig, aber wenn du dich zu spitz positionierst, dann brauchst du dich nicht wundern, dass du keine Aufträge bekommst, denn so viele rote Perserkatzen, die gerade trächtig waren und sich fotografieren lassen gibt es nun auch wieder nicht.

Im Zuge meiner beruflichen Laufbahn hatte ich an zahlreichen Hochschulen Lehraufträge inne und mich mit vielen meiner Professoren- und Dozentenkollegen über genau diesen Sachverhalt gestritten. Ich war und bin auch weiterhin der Meinung, dass dieses vermeintlich so wichtige Alleinstellungsmerkmal vollkommen obsolet ist. Statt einem USP brauchst du stattdessen einen PSP – eine „Personal Selling Proposition", denn du bist per se einzigartig! Selbst wenn du die scheinbar identischen Dinge wie eine andere Person erzählst, so sind diese nicht mehr die Gleichen. Schließlich werden sie durch dich erzählt – du betrachtest sie durch deine Brille. Genau auf diese Weise können zwei Menschen das Gleiche kommunizieren, ohne dasselbe zu sagen. Viel entscheidender also, als jahrelang nach einem Alleinstellungsmerkmal zu suchen ist, dass du deine eigenen Ansichten unterstreichst: deine Meinung, deine Botschaft, deine persönliche Geschichte. **Denn jedes Gesicht hat eine Geschichte.**

Die Frage, die du dir stellen solltest, lautet also nicht: Wie ist dein USP? Sondern: **Welches ist deine Geschichte?**

COMMITMENT! ABER RICHTIG

Commitment! Aber richtig!

Statt also für immer und ewig ein Alleinstellungsmerkmal zu suchen, dass du vielleicht niemals finden wirst, benötigst du absolutes Commitment, also eine Verpflichtung dir selbst gegenüber, dir täglich mindestens einmal eine Überwindungsprämie zu holen. Du wirst merken – vielleicht nicht gleich am Anfang, aber definitiv ein klein wenig später – dass du mit dieser Vorgehensweise eines Tages Erfolge feiern wirst, die du dir heute noch gar nicht vorstellen kannst. Vermutlich mehr, als du jemals mit der Fotografie von roten Perserkatzen erzielen könntest, egal, wie schön die Fotos auch sein mögen.

Dein Commitment, deine tägliche Überwindungsprämie bildet die Wurzeln für deinen Erfolg. Schon von Kindesbeinen an wird uns beigebracht, auf die hoch hängenden Früchte der Bäume zu schielen. Wir möchten das Ergebnis, und zwar schnell und möglichst ohne Aufwand. Wir möchten die süßen Früchte und den Erfolg zügig (aus)kosten. Doch bevor ein Baum überhaupt Früchte tragen kann, benötigt er Wurzeln. Es kann jahrelang dauern, bis er ausreichend Wurzeln in den Boden geschlagen hat, um damit genug Kraft zu haben, in die Höhe zu wachsen und Blätter, Blüten und letztendlich Früchte zu tragen. Sobald die Wurzeln des Baumes sich gefestigt haben und das Wachstumsfundament gelegt ist, wird die Ernte folgen.

Ähnlich verhält es sich mit deiner Sichtbarkeit. Am Anfang kommt es dir vor, als würde nichts passieren. Zu Beginn glaubst du vielleicht auch noch, dass das, was du machst, nicht funktioniert. Du siehst keine Früchte, keinen Erfolg und das, obwohl du schon ziemlich viel am Fundament gearbeitet hast. Doch in Wahrheit ist das Gegenteil der Fall. **Der Preis für Erfolg ist stets im Voraus zu entrichten** und dein Preis für Erfolg ist nun mal, Wurzeln sowie Fundament wachsen zu lassen. Je mehr du in dich und in deine Fähigkeit, die Überwindungsprämien zu nutzen, investierst, desto stärker wird dein Fundament und desto mehr wirst du am Ende belohnt. Und zwar nicht nur mit Erfolgen, sondern mit einer Sache, die für mich persönlich zu den größten Referenzerlebnissen unseres Lebens gehört, nämlich der Selbstwirksamkeitsüberzeugung.

Zugegeben, das Wort ist ein wenig sperrig, doch ich meine damit, dass du Schritt für Schritt immer mehr spüren wirst, dass du wirksam bist – sprich, dass alles, was du sagst und tust, eine Wirkung hinterlässt. Genau diese sich mehrfach wiederholende Wirkung wird dich wachsen lassen und dadurch ein neues, positives Glaubensmuster in dir anlegen: Du erkennst und verinnerlichst, dass du selbst wirksam sein kannst und bist.

Als vor etwas mehr als 25 Jahren die Plattform eBay aufkam, erschien das vielen Menschen als eine großartige Möglichkeit, den Keller zu entrümpeln und irgendwelche alten Bierkrüge gegen ein paar Euro einzutauschen. Es sprach sich rasant herum, dass man auf dieser Plattform schnell und einfach etwas kaufen, aber auch verkaufen und Gewinn machen konnte. Aus dem ersten Bierkrug wurde häufig ein zweiter, aus dem zweiten ein dritter und aus dem dritten ein zehnter. Schließlich fingen manche Menschen damit an, Bierkrüge einzukaufen, um diese danach mit Profit zu verkaufen. Auf diese Weise ist aus einer simplen Entrümpelung des Kellers für viele Menschen der Startschuss in eine Karriere als Händler entstanden und so manches Handelsimperium hat sich entwickelt, weil Menschen begonnen haben, ihren Keller zu entrümpeln. Mit jedem einzelnen „Bierkrug", den sie verkauft hatten, merkten sie plötzlich, dass sie so viel mehr verkaufen können und richtige Händlerkompetenz besitzen.

Genau das ist der Weg des Lernens und Wachsens. Ich hatte keine Lebenserfahrung und bin trotzdem geboren worden.

Zusammengefasst gibt es aus meiner Sicht keine größere Investition als jene in dich selbst, sei es durch Kurse, Weiterbildungen, ein Aufräumen deines Kellers, Überwindungsprämien oder durch Tätigkeiten, die deine Selbstwirksamkeitsüberzeugung stärken. **Wir dürfen alle lernen.**

Die richtige Reihenfolge

Die richtige Reihenfolge

Kennst du den Spruch The more I learned, the more I earned (Je mehr ich lernte, desto mehr verdiente ich)? Vielleicht kennst du ihn, vielleicht auch noch nicht und darum geht es auch gar nicht. Worum es mir geht, ist die Aussage, die aus meiner Sicht logisch ist, bei zahlreichen Menschen aber nicht ankommt: Sie begehen den Fehler, dass sie es genau andersherum handhaben und sagen: „Wenn ich Geld habe, dann lerne ich."

Dabei gilt es insbesondere, genau dann zu lernen, wenn du noch kein Geld hast. Schließlich solltest du auch nicht erst den Bagger dann holen, wenn der Berg schon weg ist, oder etwas sagen wie: „Wenn ich schlanker bin, dann gehe ich ins Fitnessstudio." Du musst erst in Aktion gelangen, um ein Ergebnis zu bekommen. Viele Menschen glauben immer noch, dass Erfolg purer Zufall ist. **In Wirklichkeit liegt die Blaupause des Erfolgs jedoch vor dir, du musst sie nur erkennen,** genauso wie bei „Malen nach Zahlen". Durch die Blaupause eines Bildes beim „Malen nach Zahlen"-System sind selbst ungeübte Malerinnen und Maler in der Lage, ein Bild zu gestalten. Sie folgen einfach den vorgegebenen Nummern, füllen diese mit Farben und nach und nach entsteht so das Ergebnis, ein wunderbares Bild.

Genau auf diese Weise kannst du dir auch für fast jeden Bereich deines Lebens eine Blaupause für deinen Erfolg suchen. Schau einfach, welches deiner Vorbilder schon dort ist, wo du hinmöchtest, kopiere dessen Vorgehensweise und lerne dazu. Möglicherweise musst du dafür ein wenig suchen, denn vielleicht gibt es in Deutschland oder deiner Region noch kein solches Vorbild und noch keine Blaupause. Vielleicht musst du sogar über die Grenzen in ein anderes Land schauen, doch sei dir gewiss: Es gibt weltweit so viele Blaupausen und dank der Onlinewelt steht uns der Zugang zu diesen Informationen offen, wenn wir nur neugierig und lernbereit sind. Lernen können wir von so vielen Menschen, selbst von einem Bettler. Auch er muss sich sichtbar machen, um zu Geld zu kommen. Außerdem gibt es noch etwas, das wir von einem Bettler lernen können. Lass mich an dieser Stelle eine provokante These anhand einer wahren Geschichte aufstellen.

Ich erlebe häufig Menschen, die sich damit schwertun, zwei- oder dreitausend Euro für eine spontane Investition auszugeben. Sei es für eine Weiterbildung, sei es für einen Urlaub oder für lebensnotwendige Dinge wie unter anderem eine kaputte Waschmaschine, eine Autoreparatur oder ähnliche Unwägbarkeiten, die uns im Leben passieren. Zugegeben, wenn du gerade Student, Rentner, alleinerziehend oder krank bist, dann mag es eine Vielzahl von Gründen geben, warum du gerade keine dreitausend Euro ausgeben kannst. Wenn du jedoch mitten im Leben stehst, 35 oder 40 Jahre alt bist, einen Beruf ausübst, gesund lebst und immer noch zugeben musst, dass es dir schwerfällt, dreitausend Euro zu investieren, dann hast du in deinem Leben bislang schlecht getauscht. Denn dann solltest du nämlich so sehr in deiner Kraft stehen, dass du – sofern man die vorhin aufgezählten negativen Voraussetzungen ausklammert – genügend eingetauschtes Geld auf dem Konto hast, denn im Prinzip ist Geld nichts anderes als ein Tauschgeschäft. Wenn du deine Leistung getauscht und bisher dafür zu wenig Geld bekommen hast, dann hast du entweder keine solide Leistung erbracht oder deine Leistung zu wenig für potenzielle Kunden sichtbar gemacht.

Richtig bewusst geworden ist mir diese Tatsache des Tauschgeschäftes vor längerer Zeit, als ich mit dem Bus in die Heimat meiner Eltern, das ehemalige Jugoslawien reiste, so wie ich es als Jugendlicher fast jedes Jahr tat, um Verwandte zu besuchen und eine schöne Zeit zu verbringen. Jedes Jahr fuhr im Bus der obdachlose Bettler Karl mit. Karl lebte auf der Straße und tat nichts anderes als betteln. Auf der Fahrt nach Jugoslawien und vor allem in Jugoslawien direkt gab er reichlich Geld aus und ließ die Puppen tanzen. Ich verstand nicht, wo er das Geld herhatte, also bin ich, nachdem ich das einige Jahre beobachtet hatte, zu ihm hingegangen und habe ihn gefragt: „Karl, wie machst du das, dass du dir so ein Leben gönnst? Du bist doch eigentlich Bettler." Karls Antwort lautete: „Junge, das ist doch ganz einfach. Ich bin ein fleißiger Bettler. Ich bettele fast jeden Tag, 220 Tage im Jahr mindestens. Pro Tag bekomme ich mindestens 200, an guten Tagen sogar 400 D-Mark." Mich hat in diesem Moment fast der Schlag getroffen, denn ich rechnete schnell aus, was es in konkreten Zahlen bedeutet, so viel Geld zu erbetteln. Ich ging von 200 D-Mark aus und multiplizierte das mit der Anzahl der Betteltage. Heraus kamen 44.000 D-Mark und das netto, bar auf die Tatze, steuerfrei! Bei 400 D-Mark war es sogar eine Summe von satten 88.000 D-Mark netto, also heute etwa 44.000 Euro. Damit ließ sich gut leben.

Also habe ich jetzt eine provokante Frage an dich – augenzwinkernd und dennoch ein wenig ernst gemeint: Verdienst du mehr als 44.000 Euro, netto, in bar und steuerfrei? Wenn ja, dann scheinst du deine Zeit gut zu tauschen. Wenn nicht, solltest du dir mal überlegen, ob du nicht sogar deinen Beruf wechselst und ins – wenn ich es so nennen darf – Berufsbild des Bettlers einsteigst. **Wir tauschen immer. Zeit gegen Geld, Zeit gegen Erholung, Zeit gegen Spaß.** Wenn Menschen kein Geld haben, haben sie in den meisten Fällen schlecht getauscht.

Hat meine Geschichte dich jetzt aufgerüttelt und du fragst dich gerade, wo du einen schönen Hut herbekommst, dann möchte ich natürlich nicht wirklich, dass du ab sofort dein Leben auf der Straße verbringst, aber ich bitte dich auf jeden Fall, in Zukunft besser zu tauschen und der Tausch von Zeit in Sichtbarkeit ist eines der wichtigsten und besten Tauschgeschäfte, das du tätigen kannst und das sich am Ende absolut für dich lohnen wird.

Mein Schwager sagt immer so schön: „Hinten kackt die Ente." Ich persönlich empfand diesen Spruch immer als lustig, verstanden habe ich ihn jedoch nie. Irgendwann erläuterte er mir schließlich dessen Herkunft. Der Spruch war im Rahmen eines seiner Klassentreffen der mittlerweile über 40-jährigen Klassenkameraden entstanden, die sich teilweise seit dem Schulabschluss vor über 20 Jahre nicht mehr gesehen hatten. Meinem Schwager war dabei aufgefallen, dass viele Menschen, aus seiner Sicht logischerweise viele Frauen, die damals mit 18 Jahren der absolute – um ihn wieder zu zitieren – „Vollschuss" waren, mit 40 genau zum Gegenteil mutiert waren, während andere, die mit 18 wie die Mauerblümchen ausgesehen hatten, heute der absolute „Treffer" waren. „Hinten", sagt er noch heute gerne, „kackt die Ente" – und dieser Spruch ist absolut wahr.

Um die Ente zum Kacken zu bringen, brauchst du Geduld. Geduld, um zu wachsen und dann richtig gut tauschen zu können. Wie viel Geduld? Reichlich. Selbst Warren Buffett hat sein Vermögen erst in den letzten Jahren derart stark multipliziert, dass er laut der Forbes Liste von 2021 mit rund 96 Milliarden US-Dollar auf Platz sechs der Liste der reichsten Menschen der Welt rangiert. Und das Unternehmen Coca-Cola hat in seinem ersten Jahr nur fünfundzwanzig Flaschen verkauft und gehört heute zu einer der wertvollsten Marken der Welt. Geduld zahlt sich aus, im wahrsten Sinne des Wortes.

MAGST DU RASENMÄHEN?

Magst du Rasenmähen?

Wenn du keine Lust hast, dich, so wie Karl, in die nächste Fußgängerzone zu setzen, und auch sonst gerade keine Idee hast, was du tun könntest, um zu Geld zu kommen, das du in dich investieren kannst, dann habe ich hier noch einen Tipp für dich: Rasenmähen. Mit Rasenmähen kannst du es schaffen, zum Millionär zu werden. Wirklich und ernsthaft. Zweifelst du etwa daran, dass das möglich ist? Da kann ich dich beruhigen, damit bist du nicht allein. Wir Menschen zweifeln. Jeden Tag. Aus meiner Sicht zweifeln Menschen viel zu viel und viel zu lange. Manche zweifeln ihr halbes Leben. Stell dir das einmal vor! Wie viel Zeit werfen wir dem Zweifel hinterher, die wir viel besser nutzen könnten – etwa mit Rasenmähen. Doch statt unsere Zeit sinnvoll zu nutzen, versuchen wir, uns vom Zweifel abzulenken. Wir schauen Netflix. Wir suchen Zerstreuung, wir lenken uns ab. Wir ruhen uns aus, obwohl es noch nichts zum Ausruhen gibt. Wir machen eine Pause, weil wir nicht wissen, wie es weitergehen soll. Zweifel rauben uns Zeit und Zuversicht. Und wer sich die Zuversicht rauben lässt, der lässt sich das Leben rauben. Aufschieberitis, die ewige Suche nach einem USP oder „Warum", all das sind Symptome des Zweifels. Unproduktive Symptome. Deshalb möchte ich dir hier und heute eine Methode vorschlagen, wie du deine Zweifelzeiten produktiv nutzen kannst, und zwar produktiv im Sinne von wirtschaftlicher und auch mentaler Produktivität.

Nehmen wir einmal an, du zweifelst täglich eine Stunde. Doch anstatt nun herumzuzweifeln nutzt du diese Stunde ab sofort zum Rasenmähen. Zuerst mähst du deinen Rasen und wenn du noch Zeit hast, den Rasen deines Nachbarn. Und dann den Rasen eines weiteren Nachbarn und so weiter und so weiter. In der täglichen Zweifelstunde, die du nun nicht mehr zweifelst, sondern mähst, bekommst du eine

Menge Rasen gekürzt. Du wirst produktiv und das allein ändert schon einmal deine Einstellung. Das ist der erste, positive Effekt. Doch es geht noch weiter. Für das Mähen deines eigenen Rasens kannst du zwar kein Geld verlangen, allerdings kannst du deine Nachbarn um einen klitzekleinen Anerkennungsbeitrag für deren gemähten Rasen bitten. Etwa zehn Euro pro Stunde sollten durchaus zu erzielen sein für eine Stunde blitzeblankes Rasenmähen. Nun lass uns das einmal hochrechnen. Wenn du mit 15 Jahren anfängst, täglich eine Stunde zu mähen, statt zu zweifeln und das dein ganzes Leben lang machst, sagen wir etwa 50 Jahre, dann haben wir folgende Rechnung:

365 Tage x 50 Jahre sind 18.250 Stunden
18.250 Stunden x 10 Euro bedeuten 182.500 Euro

182.500 Euro verdient, anstatt unproduktiv zu zweifeln. Wie hört sich das an? Dazu kommen dann noch Zins und Zinseszins.

Jetzt stell dir einmal vor, du kaufst dir einen Profi-Aufsitzrasenmäher, kannst noch schneller mähen und das in noch besserer Qualität. Dann kannst du vielleicht schon 25 Euro pro Stunde verlangen. Damit liegst du hochgerechnet bei etwas mehr als 450.000 Euro. Mit Zins und Zinseszins kommst du über die Jahre damit leicht auf eine Million Euro. Lass mich das noch mal zusammenfassen. Eine Million Euro für eine Stunde Rasenmähen pro Tag, anstatt unbezahlte Zweifel für Null Euro. Vielleicht sagst du jetzt: „Hermann, ich habe aber keine Lust auf Rasenmähen.“ Völlig in Ordnung, dann stelle dir einfach vor, du machst in dieser Stunde etwas, worin du richtig gut bist, was dir richtig viel Freude bereitet und wofür du vielleicht sogar 100 Euro die Stunde nehmen kannst. Rechne DAS gerne einmal hoch.

Natürlich brauchst du auch noch etwas Geld zum Leben, aber, wenn du so rechnest wie in diesem Beispiel wirst du gezwungenermaßen Millionär. Ist es nicht verrückt, Millionär zu werden mit einem Stundenlohn von 25 Euro und nur einer Stunde Arbeit pro Tag? Allerdings ist der viel größere Gewinn ein anderer: Deine Einstellung ändert sich und das ist unbezahlbar. Wenn du eine Stunde nichts tust, eine Stunde lang deine Schöpferkraft nicht einsetzt, dich eine Stunde zerstreust und zweifelst, dann ist es um deine Einstellung schlecht bestellt. Auch dein Körper wird nach einer Stunde Nichtstun in einem schlechteren Zustand sein als nach einer Stunde Rasenmähen. Etwas geschafft zu haben hingegen wird deine Gedanken positiv beeinflussen, anstatt dass du grau und trübe deinen Zweifeln hinterherhängst.

Gerne zitiere ich hier aus dem Buch „Der Prophet" von Khalil Gibran[3]:

Arbeit ist sichtbar gemachte Liebe.

Und wenn ihr nicht mit Liebe, sondern nur mit Widerwillen arbeiten könnt, ist es besser, dass ihr eure Arbeit hinter euch lasst und am Tor des Tempels sitzt und dort Almosen von denen nehmt, die [statt eurer] mit Freude arbeiten.

Denn wenn ihr mit Gleichgültigkeit Brot backt, dann backt ihr ein bitteres Brot, das den Hunger des Menschen nur halb stillt.

Und wenn ihr die Trauben mit Groll quetscht, destilliert ihr Groll als Gift in den Wein.

Und wenn ihr auch wie Engel singt und dabei euren Gesang nicht mit Liebe füllt, dämpft ihr die Ohren des Menschen für die Stimmen des Tages und für die Stimmen der Nacht.

All die großen Prediger der Persönlichkeitsentwicklung, und damit meine ich Menschen wie Tony Robbins und Co., aber auch durchaus religiöse Persönlichkeiten wie Jesus, sagen oder haben gesagt, dass dein Hauptaugenmerk auf deinem Mindset, auf positivem Denken und sogar deinem Sein liegen sollte. Es steht sogar in der Bibel, dass wir unsere Zweifel beiseiteschieben sollen. Wenn wir diesem Rat, positiv zu denken, strikt und stringent folgen, dann haben wir ein positives Zukunftsbild. **Denkst du positiv und glaubst immer fest daran, dass es irgendwie weitergeht, dann führt das zu unglaublicher Produktivität.** Ob du diese nun in Rasenmähen oder etwas anderes umsetzt, das bleibt dir überlassen.

Natürlich ist das sehr vereinfacht beschrieben und auch ich ertappe mich manchmal dabei, gedanklich eher auf der dunklen als auf der hellen Seite des Lebens zu stehen. Das ist auch nicht außergewöhnlich, sondern menschlich und kein Drama wert. Wenn es also einmal nicht so läuft, wie ich es gerne hätte, dann rede ich mir ein, dass es schon irgendwie weitergehen wird. Damit komme ich wieder in meine gedankliche Kraft und in meine Schöpferkraft. Denke ich allerdings negativ, sehe ich die Zukunft nicht mehr vor mir, dann wandelt sich mein Leben auch in kürzester Zeit ins Negative. Gedanken des Aufgebens, des Zweifelns schießen wie Bilder in meinen Kopf und führen zu Taten – oder auch Tatenlosigkeit. Das ist weder für mich noch für andere förderlich. **Realität ist verhandelbar!** Wenn du deine Blickrichtung änderst, dann änderst du deine Wahrnehmung. Wer seine Wahrnehmung ändert, der ändert seine Persönlichkeit und wer seine Persönlichkeit ändert, der ändert seine persönliche Realität.

Deshalb erscheint es mir so wichtig, **dass wir uns mit Menschen umgeben, die uns motivieren und inspirieren und dass wir uns selbst motivieren.** Wir brauchen Menschen, die unseren Blick nach oben auf die Sonne richten, wenn wir lieber im Schatten versinken wollen. Und wo gibt es viel Sonne? Natürlich im Garten. Also, wenn du zweifelst und nicht weißt, was du tun sollst, dann mähe den Rasen und schau, was passiert.

DIE EINE SACHE

Die eine Sache...

Als ich noch unendlich viele Schulden hatte, mir klar war, dass ich durch Rasenmähen und als Lebensmittelhändler nicht weit genug kommen würde und gerade begonnen hatte, mich als Redner zu verdingen und so D-Mark für D-Mark zurückzuzahlen, hatte ich den Eindruck, dass mir meine Zeit unter den Fingern zerrann. Sie wurde gefühlt von Tag zu Tag von irgendetwas aufgefressen. Obwohl ich arbeitete und arbeitete – heute sagen wir so schön am „hustlen" war – wurden die Schulden nicht im gleichen Maße weniger wie es gefühlt täglich meine Zeit wurde. So würde ich nie meine Schulden los! Irgendetwas musste ich tun! Also stellte ich mir eine Frage: Hermann, was musst du verändern, um alle deine Schulden zu tilgen? Ich begann, meinen Arbeitstag und das, was ich tat, zu analysieren und fragte mich bei jeder Tätigkeit: **Was genau bringt eigentlich das, was ich gerade tue? Inwieweit führt mich diese Tätigkeit tatsächlich näher an mein Ziel?**

Ich kaufte mir damals eine Eieruhr, stellte diese auf jeweils sechs Minuten ein und ließ sie den ganzen lieben langen Tag über alle sechs Minuten klingeln. Wann immer sie klingelte, notierte ich mir, womit ich mich gerade beschäftigte. Am Ende der Woche hatte ich eine stichpunktartige Inventur darüber, womit ich meine Zeit verbrachte. Und, was soll ich sagen, meine Zeitbilanz war erschreckend. Fleißig war ich, das war keine Frage. Dennoch musste ich feststellen, dass 83 Prozent aller Tätigkeiten, die mich über den Tag hinweg beschäftigten, zu der Kategorie an Dingen gehörten, von denen man nur glaubt, sie erledigen zu müssen. Lediglich 17 Prozent meiner Zeit verbrachte ich mit sinnvollen Tätigkeiten, die mir Umsatz einbrachten, die signifikant und relevant für mein Ziel waren. Na, kommen dir diese Zahlen bekannt vor? Das Pareto-Prinzip[4] hatte voll zugeschlagen. Als ich bemerkte,

---

[4] Das Paretoprinzip, benannt nach Vilfredo Pareto (1848–1923), auch Pareto-Effekt oder 80-zu-20-Regel genannt, besagt, dass 80 % der Ergebnisse mit 20 % des Gesamtaufwandes erreicht werden. Die verbleibenden 20 % der Ergebnisse erfordern mit 80 % des Gesamtaufwandes die quantitativ meiste Arbeit. Quelle: Wikipedia

dass trotz meines unermüdlichen Fleißes nur so wenig meiner Zeit und meiner Tätigkeiten, eben lediglich 17 Prozent, letztlich zur Verbesserung meines Kontostands beitrugen, wurde mir klar, dass ich mein Leben ändern musste – und das mit sofortiger Wirkung!

Bisher hatte ich noch viele Dinge, die man in einem Unternehmen nebenher macht, selbst erledigt. Ich war etwa emanzipiert genug, meinen Kaffee selbst zu kochen und da ich der einzige Mann im Unternehmen war, war ich auch derjenige, der hier und da einen Kasten Wasser schleppte oder ein Bild aufhing. Als mir die Eieruhr jedoch mehr als deutlich machte, wie viel meiner kostbaren Zeit durch diese Tätigkeiten tagtäglich aufgefressen wurde, sagte ich zu meinen Damen: „Hört mal, ich mache mir ab sofort keinen Kaffee mehr selbst. Ich hänge auch keine Bilder mehr auf und trage kein Wasser mehr hoch. Ich mache ab jetzt nichts mehr von all diesen Dingen." Du kannst dir wahrscheinlich vorstellen, wie die Reaktion meiner Damen ausgefallen ist. Sie waren empört! „Mensch, der ist nicht nur verschuldet, jetzt ist er auch noch arrogant", so tuschelte es hinter meinem Rücken. Doch ich erklärte ihnen, warum es so wichtig war, dass ich mich auf das konzentrierte, was ich wirklich gut konnte. Ich wollte nicht länger im Hamsterrad, das aus lauter Kleinigkeiten bestand und dessen Ende nicht in Sicht war, weiterrennen. Denn letztlich sieht ein Hamsterrad auch nur von innen aus wie eine Karriereleiter und das war nicht der Ort, an dem ich bleiben wollte. Also zog ich es durch und diese Entscheidung war mein Schlüssel zur so dringend notwendigen Veränderung. Selbstverständlich erläuterte ich meinen Angestellten umgehend diesen Entschluss. Schließlich wollte ich sie nicht ärgern oder ausnutzen, sondern im Gegenteil: Ich musste für Geld sorgen, um dadurch auch ihre Arbeitsplätze zu sichern. Das leuchtete ihnen ein und ab sofort brachten sie mir tagsüber so viel Kaffee, dass ich kaum noch schlafen konnte und abends manchmal hellwach mit Herzklabastern im Bett lag.

Ich fokussierte mich also auf all jene Dinge, die für echte, greifbare Ergebnisse entscheidend waren. Das Wort Fokus ist in diesem Kontext ein so leicht ausgesprochenes Wort. In Wahrheit steckt jedoch viel mehr dahinter. Fokus ist in der Lage, nicht nur dir, sondern auch anderen Personen den Allerwertesten zu retten.

Ich erinnere mich noch ausgezeichnet an das Jahr 2009, als der US-amerikanische Pilot Chesley B. Sullenberger ein Flugzeug mit 150 Passagieren an Bord mitten auf dem eisigen Hudson River landete. Kurz nach dem Start vom New Yorker LaGuardia Flughafen geriet sein Airbus 320 in einen Gänseschwarm und erlitt einen sogenannten „Bird Strike“, was bedeutet, dass Vögel in die Turbine der Maschine gelangt waren. Das ist grundsätzlich nichts Bedenkliches, denn schließlich hatte sein Flugzeug zwei Turbinen. Problematisch wurde es jedoch durch die Tatsache, dass beide Turbinen betroffen waren und somit ausfielen. Es gibt dazu ein Video auf YouTube[5] vom originalen Funkkontakt Sullenbergers mit dem Tower. Dem Funkkontakt nach reagierten alle Beteiligten fokussiert und gelassen auf die bedrohliche Situation. Der Fluglotse fragte Sullenberger noch: „Oh, Bird Strike, wollen Sie lieber links oder doch rechts (des Hudson) landen? Wie hätten Sie es denn gerne?“ Sullenberger aber, in dessen Händen gerade 150 Leben plus jene der Crew lagen, erkannte, dass er weder rechts- noch linksseitig des Hudson würde landen können und antwortete kurz und knapp: „ No. I am going in the Hudson.“ – Ich lande im Hudson.

Flugkapitän Chesley B. Sullenberger war damals absolut fokussiert. Anstatt nach rechts und links zu schielen und irgendwie auf festem

[5] *https://www.youtube.com/watch?v=qiATqDUEP6k&t=14s*

Boden zu landen, was aus seiner Sicht nicht umsetzbar war, gelang ihm damals das scheinbar Unmögliche: Er schaffte es, einen Airbus auf dem Hudson River zu landen und damit alle Menschen, die an Bord gewesen waren, so gut wie unverletzt zu retten. Dieses unfassbare Beispiel des absoluten Fokus ist für mich noch heute ein großes Vorbild und darf auch dir eine wertvolle Inspiration sein.

Fokus ermöglicht es dir, jeden Tag nicht nur an deiner Sichtbarkeit zu arbeiten, sondern die Qualität deiner Leistung und deren Präsentation nach außen stetig zu verbessern. Lässt du dich stattdessen von den sogenannten „Shiny Objects", also vermeintlich vielversprechenden Möglichkeiten, ablenken, die rechts und links deines Weges auftauchen, defokussierst du dich. Das hat Auswirkungen auf deine Ergebnisse. Merke ich beispielsweise, dass mein Tag immer voller wird, die Arbeit immer mehr und mehr und ich erneut in den „Hustle-Modus" gerate, dann nutze ich wieder die Eieruhr-Methode (mittlerweile mit meinem Mobiltelefon) und erkenne dadurch zügig, wo sich De-Fokussierung eingeschlichen hat.

Probiere meine Methode gerne einmal aus und stelle dir mittels Eieruhr oder Handy eine zeitliche Erinnerung ein. Schreibe eine Woche lang minutiös auf, womit du deine Zeit verbringst und welche Tätigkeiten davon auf dein derzeitiges Ziel, deinen Erfolg und deine Sichtbarkeit einzahlen. Diese Dinge erledigst du auch zukünftig und vielleicht findest du ja noch weitere aus derselben Kategorie, die dein Ergebnis noch verbessern. Beim Rest musst du gut überlegen, ob du diese Aufgaben überhaupt noch erledigen willst oder solltest. Ich bin sicher, die Erkenntnisse werden dir die Augen öffnen, genauso wie mir damals, und ich meine hier nicht nur durch den erhöhten Kaffeekonsum.

Leistung ist ...

Leistung ist…

Michael Phelps ist ein Ausnahmetalent. Er hat die perfekten körperlichen Voraussetzungen, trainiert wie ein Besessener und scheint seine Profession, das Schwimmen, zu lieben. Doch das allein macht ihn noch nicht zu einem Gewinner. Bei den Olympischen Spielen von Rio 2016, deren Finale ich aufmerksam verfolgte, schwammen sein größter Konkurrent und er um den Weltmeistertitel im Butterfly-Schwimmstil. Der Konkurrent gab alles, es war ein aufregender Wettkampf und lange Zeit waren beide gleichauf. Nach einiger Zeit bemerkte ich jedoch, wie der Mitstreiter von Phelps leicht zurückfiel. Immer wieder drehte er seinen Blick zur Seite, um zu sehen, auf welcher Höhe Phelps sich gerade im Becken befand. Phelps jedoch schwamm einfach weiter, den Blick nach vorne gerichtet, Richtung Sieg. Er gewann das Match mit knappem Vorsprung. Während Phelps Konkurrent sich ablenken ließ, blieb Phelps absolut fokussiert und das brachte ihm den Sieg. Lass dich also nicht davon ablenken, wo andere stehen. Fokussiere dich auf dich selbst und dein Ziel. **Denn Gewinner fokussieren sich auf den Sieg, Verlierer fokussieren sich auf den Gewinner.** Winners focus on winning, losers focus on winners.

Die wahre Bedeutung dessen, was Fokus tatsächlich bedeutet, durfte ich einige Zeit später am eigenen Leibe in einem Schweigekloster erfahren. Eines Tages meinte meine Partnerin zu mir, dass ich ein doch sehr umtriebiger und aufgekratzter Mann sei und empfahl mir, einige Tage in einem Schweigekloster zu verbringen. Hermann Scherer im Schweigekloster, das mag sich im ersten Moment wie der Beginn eines schlechten Witzes anhören und zugegeben, ich hatte damals überhaupt keine Vorstellung davon, wie ein solcher Aufenthalt abläuft. Wahrscheinlich war das auch der Grund, warum ich mich mit einer positiven, lockeren Einstellung in dieses Abenteuer stürzte. Dort angekommen, wurde mir und den anderen Schweigenden bewusst, auf was wir uns eingelassen hatten. Die oberste Bedingung war die, nicht nur niemals zu sprechen, sondern gar nicht zu kommunizieren und selbstverständlich auch keine SMS oder Zettel zu schreiben. Jegliche Kommunikation war vollkommen untersagt. Das Ganze begann bereits beim Frühstück. Selbst dort durfte man nicht etwa nach der Butter fragen, weder mit der Stimme noch beispielsweise mit den Augen oder Gesten, denn selbst ein Augenaufschlag stellt einen Weg der zwischenmenschlichen Kommunikation dar, wenn auch einen nonverbalen. Also saß ich am Frühstückstisch und versuchte, irgendwie kommunikationslos an die Butter heranzukommen. Gut, dass ich lange Arme habe.

Nach dem frühen Aufstehen galt es, bis zu zwölf, in den fortgeschrittenen Gruppen bis zu vierzehn oder gar sechzehn Stunden zu meditieren, also, zumindest von außen gesehen, über eine längere Zeitspanne hinweg nichts anderes zu tun, als einfach nur dazusitzen. Auch bei diesem Dasitzen und Meditieren war es entscheidend, dass man zu keiner Zeit kommunizieren durfte. Aufstehen oder Herumgehen waren untersagt, lediglich zur Toilette durfte man gehen, das war aber auch schon alles. Zudem war es erforderlich, die richtige Kleidung zu tragen, was ich zuerst nicht verstehen konnte, im Nachhinein aber als völlig logisch empfand: Stelle dir vor, du meditierst zwölf Stunden lang und vor dir sitzt ein Mann im karierten Hemd. Den möchtest du am Abend am liebsten umbringen.

Nur meditieren in möglichst einfarbiger Bekleidung war noch nicht genug. Im Rahmen unserer Einführungsrunde erklärte uns der Meister, dass man auch keine Gedanken haben sollte, denn Gedanken sind etwas anderes als Meditation. Daraufhin sagte ich ihm, dass ich immer und überall denke und das eigentlich gut fand. Wie sollte ich das sie sind da und sie gehen weiter." Daraufhin musste ich schmunzeln und so erwiderte ich: „Meister, demnach bin ich wohl, so glaube ich, ein Hauptbahnhof." Doch statt eines Lachens erntete ich nur ein Stirnrunzeln und mein Meister hielt seinen Finger vor den Mund, den Schweigefuchs kannte er damals wohl noch nicht. Wie dem auch sei, es nutze nichts, herumzudiskutieren und so galt es, alle Gedanken in Stille und ohne, dass sie auf meinem Gedankenbahnhof anhielten, an mir vorbeiziehen zu lassen.

Am Ende der Woche hatten alle Teilnehmenden die Möglichkeit, noch einmal ein kurzes Gespräch mit dem Meister persönlich zu führen – ganze fünf Minuten „legalisierter" Kommunikation! Ich wusste im ersten Moment gar nicht, wie ich auf dieses Angebot reagieren sollte, denn, obwohl ich das anfangs niemals gedacht hätte, nach einer Woche reinen Schweigens vergeht einem geradezu die Lust an jeglicher Kommunikation. Dennoch schmiedete ich einen Plan in meinen „verbotenen" Gedanken: Ich werde ihm eine Frage stellen, die ihn derart packen wird, dass es ihn nicht nur von seinem Meditationskissen runterhaut, sondern gleichzeitig die Räucherkerzen ausbläst. Schließlich habe ich jetzt eine ganze Woche Zeit, darüber nachzudenken, selbst wenn ich das nicht darf. Nach einer Woche war es endlich soweit und so ging ich voller Motivation zum Meister, um meine Frage zu stellen: „Meister, ich habe nur eine einzige Frage, und zwar: Meister, was bitte schön ist Leistung?" Anstatt einer langen Nachdenkpause, die ich mir so erwünscht und erhofft hatte, antwortete der Meister wie aus der Pistole geschossen und ohne mit der Wimper zu zucken: „Leistung ist gleich Potenzial minus Störfaktoren."

Es gibt äußerst wenige Sätze in meinem Leben, die mich derart beeinflusst haben, wie der soeben zitierte, ich wiederhole ihn noch mal, damit du ihn dir auch einprägst: **Leistung ist gleich Potenzial minus**

Störfaktoren. In diesem Satz ist das Geheimnis des Lebens verborgen. Wie du bereits weißt, bin ich der festen Überzeugung, dass in uns allen enormes Potenzial steckt. Wir alle sind großartige Menschen. Wir haben das Zeug dazu, Großes zu bewirken, unsere Konkurrenz hinter uns zu lassen und fokussiert unsere Ziele zu erreichen. Das steht für mich völlig außer Frage. **Wir alle – auch du, mit all deinen großartigen Fähigkeiten, deinen Macken und deinem Sein.** Jedoch ist unser aller Leben ein perfekt eingerichtetes Ablenkungsmanöver. Täglich lauern unzählige Dinge darauf, uns von dem, was wir eigentlich können und aus tiefstem Herzen wollen, abzubringen. Wenn du jedoch in der Lage bist, jene Störfaktoren, die in deinem Leben auftreten und dich von deiner Großartigkeit abbringen wollen, im ersten Schritt zu erkennen – was übrigens in meinen Augen der schwierigste Part ist – dann schaffst du es auch, diese zu eliminieren.

Lass uns doch diesen diversen Störfaktoren auf die Spur kommen, die uns in unserem Alltag auflauern. Wir alle verrichten schließlich Tätigkeiten, von denen wir überzeugt sind, sie erledigen zu müssen, obwohl uns andere Dinge in derselben Zeit deutlich weiterbringen würden. Über einen Teil der Faktoren, die ich für mich recht früh eliminiert habe, habe ich dir schon berichtet. Einmal eliminiert war aber nicht genug, denn täglich versuchten mindestens einhundert neue Faktoren, mich abzulenken. Manche erkannte ich sofort und andere etablierten sich still und heimlich erneut in meinem Leben, weshalb ich noch heute regelmäßig meine „Eieruhr“ stelle.

Ein Störfaktor war das Autofahren, das ich lange Zeit gar nicht als solchen erkannte. Zugegeben, dieses Beispiel trifft nicht auf alle Menschen zu, jedoch war ich viele Jahre lang als Dauerreisender unterwegs

Ein Störfaktor war das Autofahren, das ich lange Zeit gar nicht als solchen erkannte. Zugegeben, dieses Beispiel trifft nicht auf alle Menschen zu, jedoch war ich viele Jahre lang als Dauerreisender unterwegs und hatte täglich lange Autofahrten zu bewältigen. Eines Tages meinte meine liebe Frau zu mir: „Hermann, warum holst du dir eigentlich nicht einen Fahrer?" Ich muss sie im ersten Moment völlig fassungslos angesehen haben, denn zu diesem Zeitpunkt empfand ich einen persönlichen Chauffeur als enorm dekadent. So ein Fahrer kostet schließlich nicht nur dann Geld, wenn er fährt, sondern er kostet auch, wenn er wartet. Dann hat er auch noch Hunger und zur Übernachtung will er womöglich ein eigenes Hotelzimmer haben. All das zusammengenommen, fand ich die Idee eines Chauffeurs also teuer sowie absolut unnötig. Lange Zeit habe ich mich dagegen gewehrt, einen eigenen Chauffeur einzustellen, bis ich es dann irgendwann doch tat und feststellen durfte, dass so ein Fahrer wirtschaftlich gesehen eine der sinnvollsten Entscheidungen in meinem Leben war. Wenn ich hinten im Auto sitze, ein paar E-Mails schreibe und das erledige, was ich gut kann und auch gerne mache, dann verdiene ich logischerweise deutlich mehr Geld als jenes, was mich der Fahrer kostet. Gleichzeitig habe ich mehr Erfolg und mehr Spaß im Leben.

Die Metapher von dem persönlichen Chauffeur mag unter Umständen eine zu Große sein, daher lass uns diese auf kleine, alltäglichere Dinge herunterbrechen. Gehst du noch persönlich zur Bank und füllst Überweisungsträger aus oder betreibst du mittlerweile reines Online-Banking? Bringst du deine Pakete noch selbst zur Post oder Packstation? Natürlich geht das eigentlich „zügig" oder sogar „nebenbei". Ein Paket zur Post zu bringen, dauert nur zwei Minuten. Doch du musst dabei auch die Rüstzeiten berücksichtigen: Du steigst in dein Auto ein, fährst zur Post, suchst einen Parkplatz, wartest in der Schlange, bis du dran bist, gibst „zügig“ das Paket ab, fährst wieder heim und ratzfatz ist eine halbe Stunde vergangen. Wäre es stattdessen nicht sinnvoll, zwei oder drei Euro für die Abholung dieses Paketes an deiner Haustür zu investieren, wodurch du wertvolle Zeit sparst?

Gehst du noch selbst einkaufen und schleppst samstags deine Getränkekisten nach Hause, so wie ich es früher im Büro gemacht habe? Bügelst und wäschst du noch selbst? Meiner Meinung nach darfst du nur aus vier konkreten Gründen selbst bügeln: Der erste Grund ist, dass du bügeln meditativ findest und es dich entspannt. Zweitens: Du nimmst gerade den Onlinekurs „Turbobügeln für Führungspersönlichkeiten“ auf. Der dritte Grund wäre, du bereitest dich gerade auf die (es gibt sie wirklich!) Weltmeisterschaft im Extrembügeln vor und der vierte Grund ist, du kannst es dir partout nicht leisten, eine Bügelhilfe einzustellen. Gerade beim vierten Grund stelle ich mir aber die Frage, ob du es dir in diesem Fall überhaupt leisten kannst, KEINE Bügelhilfe einzustellen, denn gerade dann solltest du erst recht aufhören zu bügeln, um dich dahingehend zu qualifizieren, dass du bald mehr Geld verdienst als das, was eine Bügelhilfe je kosten würde. Deshalb sage ich so gerne: Göttinnen (und selbstverständlich auch Götter) bügeln nicht. Gib dich lieber deinen Talenten, deiner Passion und deinen Stärken hin, anstatt am Bügelbrett zu stehen.

Wir alle haben diese, ich nenne sie gerne „Lebensräuber“, wie selbstverständlich akzeptiert – was erschreckend ist. Dabei habe ich noch gar nicht die allbekannten Zeiträuber erwähnt, wie E-Mails beantworten, das Internet per se, Netflix und all die anderen Dinge, von denen wir glauben, diese zur Zerstreuung brauchen zu müssen. Denkst du, Michael Phelbs hat im Moment seines Wettkampfes, geschweige denn keinen Termin hast, öffnet er die Tür nicht. Punkt! Seine Bemerkung dazu: „Es wird wieder irgendein Zeiträuber sein, der irgendetwas von mir will und mich von dem abbringt, was ich gerade tue." Überlege dir also sehr wohl und sehr scharf, ob du all das, was du in deinem Leben tust, noch tun DARFST. Das Rezept für Erfolg in deinem Leben wird kaum auf deiner alltäglichen To-do-Liste zwischen Einkaufen, Putzen und Bügeln stehen, einer Liste, die sowieso oft sehr geduldig ist und erfahrungsgemäß immer länger wird, egal, wie viel du bügelst. Was du stattdessen brauchst, ist eine glasklare Entscheidung darüber, was du NICHT mehr tust, denn der Erfolg im Leben basiert auf einer Not-to-do-Liste!

Was sind die Dinge, die du dir ab sofort nicht mehr leisten kannst oder – viel besser gesagt – nicht mehr leisten darfst? Bitte betrachte an dieser Stelle gründlich deinen Alltag mit all den selbstverständlichen Dingen, die du tust und bereits hunderte Male getan hast und beantworte dir die Frage, ob du genau diese Dinge weiterhin tun DARFST. Dass du sie weiterhin erledigen kannst, steht dabei nicht zur Debatte, doch ob du deine wertvolle, unbezahlbare Zeit dafür opfern solltest, anstatt in genau dieser Zeit in dein volles Potenzial zu kommen – genau das ist die Frage, die du dir wirklich stellen solltest. Darf die Welt dich so sehr beschäftigen und mit Kleinigkeiten aufhalten oder entscheidest du dich, dich nicht mehr ablenken zu lassen und nur noch das zu tun, worin du wirklich gut bist?

Was ich dir hier erzähle und an die Hand gebe, ist übrigens kein Hokuspokus, sondern absolut ernst gemeint. Schreibe eine Not-to-do Liste! Liste alles auf, was du ab sofort nicht mehr machen wirst. Identifiziere deine Zeiträuber und Störfaktoren, schreibe sie auf deine Not-to-do-Liste und falls du in Versuchung kommst, oder in Versuchung geführt wirst, etwas davon zu erledigen, sagst du: „Sorry, das geht nicht, steht auf meiner Not-to-do-Liste." Erinnere dich an die Worte des Meisters aus dem Schweigekloster: **Leistung ist gleich Potenzial minus Störfaktoren.** Also weg mit den Störfaktoren!

Apropos Hokuspokus. Weißt du, woher dieser Begriff kommt? Das ist ein sehr ernster Terminus, welcher seinen Ursprung der katholischen Kirche verdankt. Jedes Mal, wenn der Priester das Brot brach, formulierte er auf Latein: „Hoc est corpus meum" – „Dies ist mein Leib", – und das Brot wurde zum Leib Christi gewandelt. In den Köpfen der Bauern, die damals weder lesen noch schreiben konnten, geschweige denn Latein beherrschten, wurde „Hoc est corpus" zu „Hokuspokus" verballhornt. In diesem Sinn: Mache keinen Hokuspokus, sondern eliminiere deine Störfaktoren, fokussiere dich und führe deine Leistung zum Erfolg!

Probleme, Geduld und eine Extrameile

Probleme, Geduld und eine Extrameile

Erfolg, nicht nur im Bereich Sichtbarkeit, braucht also nicht nur Fokus und eine Not-do-do-Liste, sondern unter anderem auch Geduld und die Bereitschaft, eine Extrameile zu gehen und damit meine ich nicht, dass du diesen Weg mit Tätigkeiten pflastern sollst, die vermeintlich wichtig sind. Denke an die Eieruhr aus dem vorigen Kapitel. Mir ist bewusst, dass der Begriff Extrameile mittlerweile arg strapaziert ist, doch häufig erkennen wir nicht, dass viele unserer vermeintlichen Probleme einfach zu lösen wären, indem wir nur einen einzigen Schritt weitergehen. **Nur einen Schritt weiter, als wir normalerweise gehen würden.** Finde dich nicht damit ab, wie die Dinge sind oder zu sein scheinen, sondern hinterfrage, überlege und gehe neue Wege.

Erfolg braucht auch Radikalität. In vielen Bereichen unseres Lebens müssen wir daher eine Extrameile gehen, um Erfolg zu haben. Doch aus Angst, zu weit zu gehen, andere zu verletzen, zu sichtbar zu sein, gehen wir oft nicht weit genug. Dabei ist Angst nichts Schlechtes, im Gegenteil. Angst macht dich wachsam, Angst sorgt für dein Überleben und ich bin der festen Ansicht, wenn du keine Angst vor deinen Zielen hast, dann denkst du zu klein. Wichtig ist, dass du dich deinen Ängsten stellst, genauso wie Michelle Poler, und nicht von ihnen beherrschen lässt.

Ich bin ein großer Freund der Selbstständigkeit, und das, obwohl ich mittlerweile über 30 angestellte Mitarbeiter habe. Diesen Mitarbeitern rate ich immer wieder, sich selbstständig zu machen, auch wenn ich mir damit ins eigene Fleisch schneide und gute Angestellte verliere. Selbst wenn mir bewusst ist, dass viele Menschen gute Gründe dafür haben, angestellt zu sein, weil sie vielleicht alleinerziehend sind, Kinder und den nächsten Schritt gehen, rate ich ihnen: **Macht euch selbstständig.** Wenn es noch nicht sofort möglich ist, dann als nächsten oder übernächsten Schritt. Es ist in dieser Welt sehr einfach zu (über-)leben, wenn jemand deine Risiken minimiert. Dafür musst du nur ein Drittel deines Tages mit den Aufgaben einer anderen Person verbringen und dafür füttert sie dich mit Gehalt. Dieses Konzept funktioniert für einen Großteil der Menschen und es ist auch gar nicht schlecht, so zu leben, im Gegenteil. Ich empfinde es als sehr nobel, sein Potenzial in den Dienst anderer Menschen zu stellen, um ihnen zu helfen. Doch ich halte es für genauso nobel, dein eigenes Potenzial in den Dienst deiner Person zu stellen, um dir selbst zu helfen, denn folgende Aussage von Kevin O´Leary[6] unterstreiche ich absolut: **Gehalt ist die Droge, die sie dir geben, wenn sie wollen, dass du deine Träume vergisst.**

Als Selbstständiger hilfst du logischerweise auch immer wieder anderen und du benötigst ein gewisses Maß an Radikalität, um den notwendigen Schritt in die Selbstständigkeit zu gehen. Leider denken viele in unserer heutigen Gesellschaft, dass genau diese Schritte in dauerhaften Schwierigkeiten münden, doch das muss nicht sein. Ja, anfangs ist es manchmal schwierig und dann heißt es, durchhalten. Mein Lieblingsspruch dazu – und hier verwende ich ausnahmsweise einmal Fäkalsprache, weil sie die Aussage wunderbar verstärkt – lautet: **Zwei Jahre Scheiße fressen, den Rest des Lebens Champagner trinken.** Soll heißen: Arbeite lieber zwei Jahre intensiv an deinen Plänen. Bilde Wurzeln, gehe die Extrameile, fokussiere dich und habe Geduld. Und dann ernte die Früchte deiner Arbeit.

Doch viele sind nicht dazu bereit, zwei Jahre Vollgas zu geben. Trotz des überschaubaren Zeitraums von nur zwei Jahren habe ich das Gefühl,

[6] *Terence Thomas Kevin O'Leary ist ein kanadischer Unternehmer, Investor, Autor und Politiker. Er nennt sich selbst „Mr. Wonderful".*

dass viele Menschen lieber von Anfang an Bier trinken und das dann eben dauerhaft. Dabei sind zwei Jahre, zumindest wenn du dein ganzes Leben überblickst, gar nicht so lang. Wenn du zwei Jahre lang die eigene Handbremse löst, deinen Turbo zündest, dir selbst in den Hintern trittst, dich anfeuerst und überraschen lässt, wie viel Mut und Begeisterung in dir stecken, dann wirst du unaufhaltbar sein. **Also sei doch einmal in deinem Leben unaufhaltbar, und wenn es nur für zwei Jahre ist! Fokussiere dich auf dein Potenzial, deine Ziele und deine Wünsche!** Gib alles, was du geben kannst, gehe immer wieder den nächsten Schritt, der in die Extrameile mündet, sodass dein Umfeld nicht anders kann, als dir kopfschüttelnd hinterherzuschauen und zu fragen: Was ist denn mit dem passiert? Haben sie dem eine Stange Dynamit in den Allerwertesten gesteckt?

Sei außergewöhnlich! Du hast es verdient, dass die Menschen sehen, dass du leidenschaftlich bist und es mit dir selbst ernst meinst. Mit wem übrigens auch sonst?

Ist deine Leidenschaft echt?

Ist deine Leidenschaft echt?

Lass uns jetzt deine Leidenschaft auf den Prüfstand stellen. **Schließlich ist sie ein weiterer Dominostein auf dem Weg zum Erfolg und in die Sichtbarkeit deiner Passion** und – das möchte ich dir natürlich nicht vorenthalten – die entsprechende Umsetzung. Ich persönlich kenne so viele Menschen, die meinen, dass Leidenschaft ausreicht, um „alles“ zu erreichen. Sichtbarkeit, Erfolg, Vermögen, Haus und Hof, eben „alles“, was sie sich erträumen. Diesen Menschen stimme ich grundsätzlich zu, allerdings erreichen sie erst dann „alles“, wenn ihrer Leidenschaft die Umsetzung folgt. **Das Schöne an der Leidenschaft ist, dass wir in dem Moment, in dem wir etwas wirklich gerne tun, Freude empfinden.** Dann entbrennt unsere Leidenschaft, wir glauben an unser Ziel und arbeiten gerne hart daran. Wenn wir stattdessen hart für etwas (oder jemanden) arbeiten, woran wir nicht glauben, wir also keine Leidenschaft empfinden, dann entsteht Stress.

Wenn es um Leidenschaft geht, dann erinnere ich mich immer an meinen ehemaligen Chef, Willi Zander. Willi Zander ist Vertriebsprofi und brannte für das, was er tat, er war wahrlich ein außergewöhnlich leidenschaftlicher Mann. Eines Tages musste er sich zu seinem großen Leidwesen einem operativen Eingriff unterziehen. Es war keine dringende Operation, aber eine notwendige. Um keinen Geschäftstermin zu verpassen, ließ er sich bewusst an einem 25. Dezember operieren. Kein Witz! Trocken meinte er dazu: „An dem Tag läuft sowieso nichts, da bekomme ich keinen Auftrag.“ So weit, so gut, doch das war noch längst nicht alles. Bereits für den 27. Dezember berief Willi das erste Mitarbeitermeeting nach seiner Operation ein. Natürlich ins Krankenhaus, denn noch war er nicht wieder einsatzfähig. Ich sehe es heute noch vor meinem geistigen Auge, wie ich, gemeinsam mit sieben weiteren seiner

Mitarbeitenden in Hufeisenform um sein Krankenbett herumsitze und er uns in seinem Schlafanzug im Krankenbett liegend einen ganzen Tag lang Anweisungen erteilt. Doch damit nicht genug. Seine Leidenschaft war wirklich grenzenlos (oder sollte ich schamlos sagen?), denn als eine Krankenschwester mit den Worten: „So, meine Herren, Sie verlassen jetzt bitte den Raum. Herr Zander bekommt eine Spritze", ins Zimmer trat, meine Willi nur: „Nein, meine Herren, Sie bleiben im Raum. Wir machen nahtlos weiter. Schwester, Sie geben mir eine Spritze und dann ist die Nummer durch." Die Schwester schaute noch ein wenig entsetzt, doch Willi drehte sich schon um, zog seine Hose runter, reckte uns seinen blanken Po entgegen und wir alle schauten etwas beschämt zur Seite anstatt auf seinen Allerwertesten. Die Spritze fand ihren Weg und das Meeting seine nahtlose Fortsetzung.

Kurzum – das war Leidenschaft pur, wenn auch ein wenig außergewöhnlich. Normal wäre es wohl gewesen, wir hätten den Raum kurz verlassen, nein, normal wäre es gewesen, an diesem Tag gar nicht im Krankenhaus zu sein. Andererseits, wer oder was genau ist denn eigentlich „normal"? Wer bestimmt, was noch „normal" ist und wo außergewöhnlich anfängt? Liegt die Beurteilung nicht sogar in uns selbst? Also sei lieber außergewöhnlich! Geh die Extrameile und gib doch einfach einmal Gas in deinem Leben! Finde heraus, wie leidenschaftlich du sein kannst, du musst dir ja nicht direkt vor Publikum eine Spritze in den Po setzen lassen, wobei dir damit Aufmerksamkeit sicher wäre.

Hier noch eine kleine Geschichte zum Thema Leidenschaft. Manche Menschen sind so leidenschaftlich, dass sie völlig verrückte Sachen machen würden, so wie die hübsche, brünette Studentin, die zu ihrem Professor ganz lasziv sagt:

„Herr Professor, für eine gute Note würde ich wirklich alles tun."

Der Professor bekommt große Augen und fragt die Studentin daraufhin zurück:

„Würden Sie wirklich alles tun für eine gute Note?"

Mit gesteigerter Laszivität und einem langsamen Augenaufschlag antwortet diese:

„Ja, Herr Professor, ich würde wirklich alles, alles tun."

Der Professor wirkt interessiert, räuspert sich und fragt daraufhin noch mal:

„Würden Sie wirklich alles, alles tun für eine gute Note?"

„Ja, alles." – die Antwort der Studentin ist nur noch ein Hauchen.

Darauf entgegnet der Professor:

„Wie wäre es denn, bitte schön, mit Lernen?"

Außergewöhnliche Idee, oder? Was würdest du alles für deinen Traum tun?

Rotz Mal

Rotz mal …

Wenn du Außergewöhnliches erreichen möchtest, musst du Außergewöhnliches leisten. Widmen wir uns nun also einem in meinen Augen absolut wichtigen Prinzip, das ich dir unbedingt ans Herz legen möchte, damit du in deinem Leben das erreichst, was du dir erträumst, egal wie außergewöhnlich das sein mag. Was auch immer du in deinem Leben angehst, erinnere dich bitte stets daran, dass wir Menschen zwar Weltmeister im Verbessern sind, jedoch Zwerge im Erschaffen. Um außergewöhnliche Ergebnisse zu erzielen, musst du Außergewöhnliches erschaffen. Doch dafür musst du erst einmal loslegen.

Stelle dir vor, du hättest eine persönliche Assistenz oder einen Kollegen und würdest diese Person ersuchen, einen Brief an eine hochrangige Persönlichkeit zu schreiben. Was, glaubst du, würden 90 Prozent der Assistenzen und Kollegen jetzt vermutlich denken, sagen oder tun? Wahrscheinlich etwas wie: „Meine Güte, das ist aber überhaupt nicht einfach. Ich weiß gar nicht so richtig, wie das geht und wie ich anfangen soll." Vielen von uns fällt es schwer, Neues zu gestalten. Wir wissen nicht, wo wir anfangen sollen, wenn wir vor einem leeren Blatt Papier sitzen und etwas Anspruchsvolles ersinnen sollen. Das hemmt uns, nimmt uns die Kreativität und wir brauchen sehr lang, um überhaupt etwas umzusetzen. Angenommen aber, du hättest dieser Assistenz einen fertigen Brief vorgelegt. Was, denkst du, hätten 90 Prozent der Assistenzen nun dazu gedacht? Richtig! Sie hätten gedacht: „Mensch, diesen Brief hätte man hier oder da noch mitreißender schreiben und strukturieren können."

Wir Menschen sind grandios darin, Dinge zu verbessern. Wir sind grandios darin, Fehler zu entdecken, den Finger in die Wunde zu legen und Verbesserungspotenzial zu erkennen. Da du das nun weißt, gilt es, dieses Prinzip zu deinen Gunsten zu nutzen. Die meisten Menschen möchten sofort etwas Perfektes erschaffen, egal, ob es ein Brief, ein Kunstwerk oder eine Rede ist. **Doch Perfektion erhält man erst durch Imperfektion – und zwar immer.** Selbst der größte Architekt der Welt beginnt auf einem weißen Blatt Papier mit drei oder vier Strichen Entwürfe zu zeichnen, bevor schlussendlich, nach mehreren Jahren, sein Meisterwerk die Skyline der entsprechenden Stadt schmückt.

Stelle dir vor, du möchtest ein Buch schreiben. Die meisten Menschen gehen dabei ungefähr folgendermaßen vor: Sie öffnen ihr Word-Dokument, schreiben die erste Zeile, sind mit dieser ersten Zeile unzufrieden, löschen sie, schreiben eine neue erste Zeile, sind immer noch nicht zufrieden, löschen diese, schreiben eine weitere erste Zeile, sind ebenfalls unzufrieden, löschen auch diese und haben am Ende des Tages siebenhundert gelöschte Zeilen. Sie sitzen immer noch vor einem leeren Word-Dokument und sind hoch frustriert über die Schwierigkeit, ein Buch zu schreiben. Also lassen sie es direkt ganz sein. Warum? Weil sie damit begonnen haben, zu bewerten, noch bevor das Blatt vollgeschrieben war.

Befindest du dich in einer solchen Situation, egal ob du ein Buch schreiben möchtest, eine Rede oder einen Brief an das Finanzamt, dann hier mein Ratschlag an dich: Bitte rotz erst einmal irgendetwas hin. Du brauchst eine unperfekte Grundlage, um diese zu verbessern. Das mache ich nicht nur selbst so, sondern erwarte es auch von meinen Angestellten. Meine Mitarbeiterinnen und Mitarbeiter erschrecken jedes Mal aufs Neue, wenn ich zu ihnen sage: „Ich erwarte schlechte Qualität in 20 Minuten." Viele verstehen mich anfangs dabei gar nicht, weil bei ihnen noch das Denkmuster verankert ist, dass nur gute Qualität es verdient hat, überhaupt abgeben zu werden und dass es doch auch mein Anspruch als Marktführer sein sollte, nur Perfektion abzuliefern, egal in welchem Stadium der Arbeit. Gerne erläutere ich dann, dass ich selbstverständlich gute Qualität nach außen tragen möchte. Doch ich gebe ihnen auch zu verstehen, **dass aus meiner Sicht gute Qualität nur aus schlechter Qualität entsteht, die dann verbessert wird, solange bis das Ergebnis absolut zufriedenstellend ist.**

Der Schlüssel für gute, ja sogar außergewöhnliche Qualität liegt im Verbessern und nicht im Erschaffen. Aus diesem Grund rate ich dir, vollkommen egal, was du vorhast und welche Projekte auch immer du angehen willst: Rotz einfach raus, was du hast, egal, wie gut oder schlecht die Qualität ist und vollkommen unabhängig von deinem Qualitätsanspruch. Und dann verbesserst du, Stück für Stück. Denn damit, und dazu gratuliere ich dir, hast du den schwierigsten und herausforderndsten Schritt getan, nämlich den ersten und jeder Weg, auch die Extrameile beginnt mit genau diesem ersten Schritt. Danach ist es ein Leichtes, dein Projekt, deinen Plan, deinen Text, was auch immer du planst, mit neuer Perspektive zu betrachten. Vielleicht denkst du dabei: Auweia... Welcher Idiot hat denn dieses Projekt gestartet? Doch glaube mir, diese Vorgehensweise wird dich enorm dabei unterstützen, dein Projekt, deinen Text oder was auch immer zu verbessern. Du wirst schneller an qualitativ hochwertige Ergebnisse kommen und effektiver, motivierter und zügiger arbeiten.

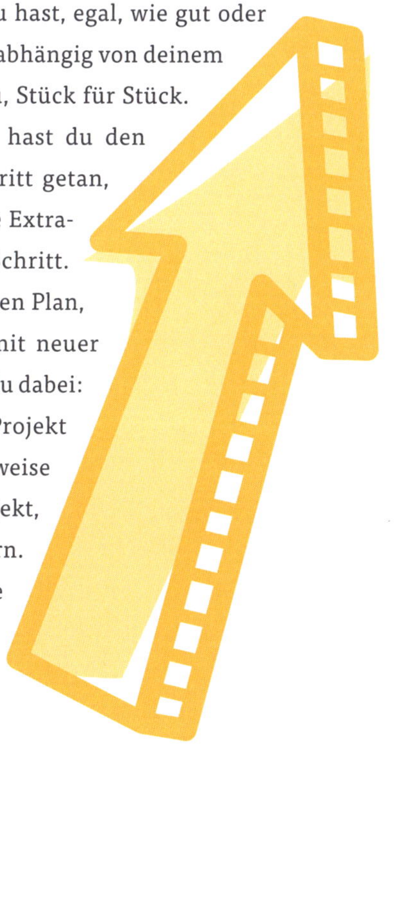

Das klingt doch viel sympathischer und leichter, als von Anfang an perfekt sein zu müssen, oder? Denn perfekt ist logischerweise niemand von uns. Sobald du das verinnerlichst und deine Lebens- sowie Denkweise darauf ausrichtest, dann verändert sich auch deine Art zu arbeiten. Du wirst pragmatischer, kannst schneller und häufiger Erfolge feiern und entscheiden, was als Nächstes zu erledigen ist.

Entscheide dich!

Entscheide dich!

Eines Abends treffen sich zwei Ingenieure. Sagt der eine zum anderen: „Hey, ich habe gesehen, du hast ein neues Fahrrad?“ Sagt der andere voller Stolz: „Ja, stell dir vor: Gestern Abend, ich gehe gerade so durch die Stadt, radelt eine Frau an mir vorbei, sieht mich, springt vom Rad, reißt sich die Klamotten runter und schreit: ‚Nimm dir, was du brauchst!‘“ Ich habe sie kurz angeguckt, sie war wirklich hübsch, und dann das Fahrrad genommen. Daraufhin nickt der andere Ingenieur: „Gute Wahl. Die Klamotten hätten sowieso nicht gepasst.“

Was hättest du genommen? Das Fahrrad oder die Klamotten? Spaß beiseite: Entscheiden fällt vielen von uns schwer. Insbesondere, da es so schwierig ist, die vermeintlich richtige von der falschen Entscheidung zu unterscheiden, was wir sowieso meist erst hinterher wirklich können. Aus Angst, die falsche Entscheidung zu treffen, treffen wir lieber gar keine. So gehen viele von uns durch unser Leben: entscheidungsarm oder gar entscheidungsfrei. Wer sich nicht entscheidet, kann logischerweise auch nicht falsch entscheiden, macht keine Fehler und wird nicht zur Rechenschaft gezogen. Also alles richtig gemacht, oder? Oder eben nicht, denn der größte Fehler ist es aus meiner Sicht, keine Fehler zu machen. Wer sich nicht entscheidet, im Zweifelsfall auch das ein oder andere Mal falsch, der verliert irgendwann nicht nur sämtliche Optionen, sondern auch die Selbstachtung. Wer sich sein Leben lang alle Türen offen hält, der verbringt sein Leben auf dem Flur und wer nicht entscheidet und seinen Entscheidungsmuskel nicht trainiert, der wird irgendwann nicht mehr entscheiden können. Da ist es doch sicherer, zumindest ein Fahrrad zu haben, oder?

Es gibt Studien und Geschichten von alternden und sterbenden Menschen, die gefragt wurden, was sie im Leben am meisten bereuen. Die Antworten sind verblüffend. **Sie bereuen nicht diejenigen Dinge, die sie getan haben, für die sie sich entschieden haben, nein, sie bereuen die Dinge, die sie nicht getan haben** und Entscheidungen, die sie nicht getroffen haben. Darum lasse es nicht so weit kommen.

Denn die Entscheidung sichtbar zu werden, liegt nun direkt vor dir. Du darfst aus vollem Herzen ein „Ja“ zu deiner Sichtbarkeit aussprechen, um die nächsten Schritte zu gehen, dich auf den Weg zu machen, deine Extrameile zu starten.

Wenn du den ersten Schritt noch nicht heute gehst, dann gehe ihn morgen. Gehst du ihn nicht morgen, dann allerspätestens übermorgen, denn, und darauf gebe ich dir Brief und Siegel, gehst du ihn gar nicht, wirst du jeden Tag bereuen, ihn nicht gegangen zu sein. Vielleicht noch nicht heute, aber vielleicht schon morgen und spätestens übermorgen. Je später du umsetzt, umso weniger Zeit bleibt dir für die Umsetzung. Je später du ins Handeln kommst, umso kürzer ist deine Zukunft. Unser aller Leben ist wie eine Rolle Toilettenpapier. Je mehr wir davon abrollen, umso schneller dreht sie sich. Und irgendwann einmal ist sie leer. Und dann?

Deshalb gilt es für dich, dir hier und heute ein JA zu dir selbst zu sagen. Ein JA zu dem, wer du bist und wie du bist, ganz egal, wo du gerade stehst. Egal, was dir scheinbar oder auch tatsächlich noch fehlt und egal, wie sehr dein „Toxi“ auf deiner Schulter herumzappelt und dir ins Ohr brüllt. Hör nicht hin! Entscheide dich für ein JA zu dir selbst! Erfolg ist eine Entscheidung, genauso wie Leiden. Für viele ist Leiden leichter als sich aus der leidvollen Situation zu lösen, darum lassen sich Entscheidungen in Richtung Leid auch viel leichter fällen. Solche Entscheidungen werden

Entscheidungen werden meist nicht aktiv ausgesprochen, sondern mit gebückter Körperhaltung seufzend angenommen. Doch willst du das wirklich? Möchtest du lieber leiden und am Ende deines Lebens mit schweren Schultern bereuen, den nächsten Schritt nicht gegangen zu sein?

Stattdessen gilt es, dich aufzurichten, in den Spiegel zu schauen und JA zu dir sagen. **JA zur eigenen Persönlichkeit, zu eigenen Standpunkten, zur eigenen Botschaft, zu deinen Chancen.** Denn Glückskinder ergreifen Chancen, wenn sie sich bieten. Jetzt und hier. Dafür brauchst du Mut und deshalb, sei mutig. Wie das Wort schon sagt: Die größte Armut ist es, arm an Mut zu sein. Doch das kannst du ändern. Jetzt sofort. **Denn Mut wird belohnt und wie du weißt, ist Glück eine Überwindungsprämie.**

DEIN WEG IN DIE SICHTBARKEIT

Dein Weg in die Sichtbarkeit

Nun weißt du also, dass du auf dem Weg in deine Sichtbarkeit mutig sein darfst, fokussiert und leidenschaftlich und dass Glück eine Überwindungsprämie ist. Deine Not-to-do-Liste mit Störfaktoren liegt in Sichtweite, bereit, gefüllt und benutzt zu werden. Und weiter? Wie wirst du nun konkret sichtbar?

Ich bin felsenfest davon überzeugt, dass wir alle im Leben etwas zu geben haben. Selbst dann, wenn unser Leben nur aus Narben und Verletzungen besteht, selbst dann haben wir etwas zu geben, und zwar erst recht. Erinnere dich an Jay Freireich, der trotz der Narben seiner Kindheit ein bemerkenswerter Arzt wurde oder an Sankt Petersburg, das heute mehr denn je erstrahlt. Trägst du Narben und Verletzungen in dir, so wie wohl die meisten Menschen, dann kannst du genau deshalb dafür sorgen, dass andere diese Narben und Verletzungen in sich heilen oder sie erst gar nicht davontragen. Vielleicht heilst du sogar deine eigenen Narben dadurch, dass du sie zeigst, sie sichtbar machst.

Sichtbarkeit beginnt, so wie alles im Leben, mit einem ersten, kleinen Schritt. **Es geht jetzt nicht primär darum, dass du sofort omnipräsent bist und immer und überall sichtbar bist,** im Radio, Fernsehen, auf allen Social-Media Kanälen und in der FAZ. Vielleicht beginnst du eher damit, deinen Freunden mitzuteilen, dass du eine Kompetenz in dir entdeckt hast, die du nun nach außen tragen willst. Dass du Narben in dir trägst, die du der Öffentlichkeit zeigen wirst, um andere zu inspirieren oder du bäckst live auf YouTube einen Nusszopf. Starte weiterhin damit, dich mit den einzelnen Social-Media-Kanälen vertraut zu machen. Du machst ein erstes Posting auf Facebook oder eine Story bei Instagram. Vielleicht wählst du auch einen anderen Kanal, auf dem du dich wohlfühlst. Die einen sind eher visuelle Typen, die gerne Bilder sehen und ebenfalls gerne Bilder von sich zeigen. Wieder andere sind eher auditiv unterwegs und werden sich eher an Kanäle wie etwa einen Podcast heranwagen. Übrigens, wenn das Thema Podcast für dich interessant ist: So einen Podcast musst du anfangs gar nicht selbst betreiben. Viele Podcasts bestehen aus Interviews mit Gästen. Ein guter Podcast, der zwei neue Folgen pro Woche veröffentlicht, benötigt pro Woche zwei neue Gäste. Eine der größten Nöte von solchen Podcastbetreibern ist es, spannende Interviewgäste zu finden. Bevor du nun überlegst, einen eigenen Podcast mit all den, zugegebenermaßen geringen technischen Hürden, zu starten, lade dich doch erst einmal in fremde Podcasts ein. Es gibt mittlerweile sogar Matching-Plattformen, die Podcast-Gastgeber mit Gästen verknüpfen, also fast so etwas wie ein Podcast-Tinder[7].

Durch all diese Kanäle kannst du anfangen, sichtbar zu werden. Hast du schon ein kleines Produkt, kannst du dieses über einen Webseitenlink über den Podcast verkaufen. Oder du stellst deinem Gastgeber einen Affiliate-Link zur Verfügung und teilst damit deine Einnahmen mit dem Podcast-Gastgeber, was dich wiederum als Podcast-Gast noch attraktiver macht. Ist das nicht wunderbar? Das ist das Schöne an der heutigen Zeit. Du kannst durch Affiliate-Links deine Produkte liebevoll anbieten und durch einen Podcast dafür sorgen, dass diese gekauft werden, nur durch etwas Podcast-Tindern und ein schönes Gespräch. Einerseits hast du deine Botschaft gesendet und andererseits sogar schon einige Euros Umsatz gemacht.

Ich erinnere mich noch gut daran, wie ich mit meinem ersten digitalen Produkt zehn Euro Umsatz erzielt habe. Das mag heutzutage vielleicht lächerlich klingen, denn zehn Euro haben nun wirtschaftlich nicht die größte Relevanz, aber es war schon etwas Besonderes. Diese

---

[7] *Hier wirst du beispielsweise fündig: https://www.hallopodcaster.de*

zehn Euro haben bis heute für mich einen ideellen Wert und wir haben aufgrund dieses Erfolges damals in der Firma eine Party gefeiert, die natürlich viel teurer war als die zehn Euro, die wir eingenommen hatten. Diese Einnahme war für mich der allererste Schritt in eine neue Zeit und wenn der erste Schritt erst einmal gegangen ist, dann fällt der zweite schon viel leichter.

Magst du nicht gerne sprechen oder Bilder von dir zeigen, bist also weder ein auditiver noch ein visueller Typ, dann bist du möglicherweise jemand, der lieber mit dem geschriebenen Wort umgeht. Auch dann hast du viele Möglichkeiten, sichtbar zu sein, sei es durch Texte, Berichte in Social Media oder durch Beschreibungen in einem Blog oder Reisetagebuch. Pressearbeit kannst du sofort starten oder du beginnst damit, wie ich es in einem der vorherigen Kapitel beschrieben habe, einen Buchbeitrag oder gar ein ganzes Buch zu schreiben.

All das sind Möglichkeiten, dich sichtbar zu machen. Selbstverständlich ist das nur eine kleine Auswahl aller Möglichkeiten, denn es gibt noch viele, viele mehr. Vor einiger Zeit habe ich eine Liste erstellt, auf der ich alle Kanäle zusammengetragen habe, die du nutzen kannst, um sichtbar zu werden. Ich war selbst davon überrascht, wie viele unterschiedliche Möglichkeiten dabei herausgekommen sind. Es waren weit über 70 Kanäle, über die du deine Botschaft platzieren kannst. Viele davon sind spezielle Social-Media-Plattformen wie Clubhouse, Facebook, Flickr, Instagram, Pinterest und Co, doch auch Online-Gruppen, Portale und Börsen können eine vielversprechende Möglichkeit sein, dich darzustellen. Ebenso gibt es zahlreiche Künstler-, Experten- und Redneragenturen, die auf dich warten. Dazu kommen Kongresse, egal ob on- oder offline und Organisationen und Veranstalter, die alle deine Botschaft hören möchten. Gleichzeitig kannst du auch Plattformen wie Udemi.com oder YouTube nutzen, um deine Botschaft sichtbar zu machen oder sofort als Public Speaker die Bühnen dieser Welt erobern und Podcasts, Verbände, Direktansprachen und vieles mehr.

All diese genannten Möglichkeiten sind nur eine kleine Auswahl, wie du von deiner inneren Bühne zu äußeren Bühnen gelangen kannst.

Gehe den ersten Schritt auf deinem Weg und lasse dich nicht von anderen Persönlichkeiten, die schon deutlich sichtbarer sind als du, ins Bockshorn jagen. Auch sie haben einmal angefangen – auch wenn man das manchmal gar nicht glauben mag.

Lasse dich bitte nicht von dem Glaubenssatz aufhalten, dass du noch nicht so weit bist. Du bist genauso weit, wie du sein sollst und deshalb starte noch heute. Du hast jahrelang an das Christkind geglaubt, jetzt glaube bitte an dich.

Dein Sein, dein Wirken und auch deine Sichtbarkeit sollen dir Spaß machen! Deshalb darfst du dir selbst aussuchen, wie du sichtbar sein möchtest und auf welchen Kanälen. Es gibt kein richtig oder falsch. Gleichzeitig möchte ich dir an dieser Stelle den Druck nehmen: Du musst nicht alles sofort und perfekt beherrschen. Logischerweise haben wir alle irgendwo Defizite. Niemand kann alles können. Vielleicht fehlt dir gerade noch eine Idee, wie du deine Sichtbarkeit technisch umsetzen sollst oder du hast noch kein Know-how, was Pressearbeit angeht. **Doch alles, was du nicht kannst, kannst du jederzeit lernen, dazukaufen oder auch trainieren, solange, bis du es beherrscht.** Angenommen, du hast eine piepsige Stimme, möchtest aber auf die Bühne. Dann besorge dir einen Stimmtrainer. Oder du merkst, dass du eine enorme, technische Herausforderung hast. Dann gibt es auch dafür Menschen, die dir behilflich sein können, die sich mit genau ihrer Expertise darauf spezialisiert haben, Menschen

Oder du besorgst dir eine Agentur, die nichts anderes tut, als deine Ideen in die Umsetzung zu bringen.

Was du dafür tun musst? Zuerst einmal entscheiden, dass du es machen möchtest, und dann den ersten Schritt gehen, und wenn er noch so klein ist. Wenn dieser erste Schritt bedeutet, dass du dir ein Profil auf LinkedIn oder XING anlegst, dann ist das der erste Schritt in die richtige Richtung. Viele von uns sehen immer nur den großen Berg, das riesige Ergebnis, die außergewöhnlichen Ergebnisse, die Stars und Millionen und denken viel zu viel darüber nach, wie sie das alles schaffen sollen. Doch alle diese Ergebnisse und Millionen **haben irgendwann einmal mit einem ersten Schritt begonnen.** Denk also nicht zu viel und zu lange über diesen ersten, wesentlichen Schritt nach! Im Grunde ist Intelligenz unser Feind. Wir suchen immer wieder nach Gründen, warum etwas nicht klappt und, da wir so intelligent sind, finden wir auch immer wieder Gründe, warum eine Sache nicht zu 100 Prozent funktionieren kann. **Natürlich steckt in jedem Tun ein Risiko, das ist völlig logisch, doch meistens ist dieses Risiko gering.** Selbst im Leben steckt das Risiko, zu sterben und genau deshalb solltest du Dinge tun, bevor es irgendwann so weit ist.

Die Amerikaner sagen gerne dazu: **To be stupid enough to push the button,** was so viel heißt wie: Traust du dich, den Knopf, der deinen ersten Schritt bedeutet, zu drücken? Deine Bedenken aus dem Weg zu räumen? Bist du vermeintlich „dumm genug“, um den Knopf zu drücken? Kannst du deine Intelligenz so weit ausschalten, um voranzugehen, auch wenn 100 Gründe dagegensprechen? Was machen die meisten von uns allerdings gerne, anstatt loszumarschieren? Wir inspizieren erst einmal den Knopf und überlegen gründlich, was dieser Knopf wohl macht, bevor wir ihn dann drücken (wenn überhaupt). Deswegen – überlege nicht!

Sei doch mal „stupid". **Überrasche dich selbst, indem du etwas machst, von dem du vorher nicht geglaubt hast, dass du es jemals tun würdest. Wage den ersten Schritt: Es kann dazu führen, dass dein ganzes Leben sich verändert.** Du bist genug. Du bist so etwas von genug. Versprochen.

Oftmals in der Geschichte hat eine lächerliche Entscheidung zu großartigen Lebensveränderungen geführt. Denke an die Metapher, in der es heißt, dass ein Schmetterlingsflügelschlag irgendwo auf der Welt einen Sturm auslösen kann und egal, ob das nun stimmt oder nicht, lass deinen ersten Flügelschlag, deinen ersten Schritt, deinen ersten Druck auf den Knopf einen positiven Sturm der Veränderung in deinem Leben auslösen und nicht nur in deinem, sondern auch im Leben all derer, die von deiner Sichtbarkeit, deiner Botschaft und deiner Expertise wirklich lernen können.

Wenn du jetzt erneut denkst, dass du noch nicht so weit bist, dann stimme ich dir absolut zu. Denn wir sind NIE so weit, wie wir gerne wären. Aber ich erlaube mir, dich daran zu erinnern, dass du alles, was du noch nicht kannst, kaufen, lernen oder antrainieren kannst. Selbst, wenn du von dir selbst sagst, dass du ein Chaot oder sogar ein Idiot bist, dann hole dir jemanden, der dir dabei hilft, diese Herausforderungen zu meistern. Wir alle sind NIE gut genug, denn wir sind alle ohne Bedienungsanleitung auf diese Welt gekommen! Keiner von uns weiß so genau, wer wir eigentlich sind und wann wir so weit sind. Also können wir genauso gut jetzt damit anfangen, das herauszufinden.

Das Leben ist eine Reise, manchmal sogar eine sehr turbulente und wir alle sind diese Reise angetreten, mehr oder weniger bewusst. Und mehr oder weniger ist uns auch bewusst, WOFÜR wir diese Reise überhaupt angetreten sind. In der Fachsprache wird dieses WOFÜR gerne

Positionierung genannt. Die einen, die auch nicht genau wissen, wofür sie angetreten sind, gehen irgendwann den ersten Schritt auf ihrem Weg und dann den nächsten und den nächsten. Sie stolpern, fallen hin, stehen wieder auf und korrigieren ihren Weg. Die anderen feilen so lange am grünen Tisch an ihrem Weg und der perfekten Positionierung, dass sie mit der Feile in der Hand sterben. Anstatt herauszugehen und die Welt aus den Angeln zu heben, versuchen sie auf Fragen eine Antwort zu finden, die vielleicht gar nicht so entscheidend sind. Denke daran: **Eine Reise beginnt immer mit dem ersten Schritt und nicht damit, über den ersten Schritt nachzudenken.** Schlag mit den Flügeln, gehe raus aus deiner Haustür, hinein in die Sichtbarkeit. Sei verrückt genug und drück den Knopf, auch wenn es schwerfällt.

Schlechte Voraussetzungen

Schlechte Voraussetzungen

Warum fällt es vielen von uns so schwer, den Knopf zu drücken? Warum können wir nicht einfach mal „stupid" sein? Warum schauen wir lieber aus dem Fenster und verharren in unserer Komfortzone, anstatt durchzustarten?

Vor gut 100 Jahren war Deutschland noch ein Kaiserreich. Wie die Welt damals war, können wir uns heute gar nicht mehr vorstellen, doch unser Schul-, Erziehungs- und Bildungssystem ist immer noch aus dieser Zeit. Tatsächlich sind viele Schulinhalte, vor allem mathematischer Natur, wie etwa Winkelberechnungen, deshalb im Schulplan enthalten, weil das Ziel der Ausbildung damals war, gehorsame Arbeits- und Militärbienen heranzuziehen, die dann schlussendlich in den Kriegen benötigt wurden. Damit diese Menschen den Granatwerfer im richtigen Winkel einstellen konnten, waren geometrische Berechnungen seinerzeit viel wichtiger, als Menschen zu selbstbestimmten und selbstbewussten Persönlichkeiten heranzubilden. Sogar ganz im Gegenteil, Persönlichkeit und kritisches Denken waren unerwünscht, denn wer bitte braucht Soldaten, die sich Gedanken über Sinn und Unsinn des Krieges machen?

Diese altertümlichen Lehrinhalte waren auch für das faschistische System des Zweiten Weltkriegs äußerst sinnvoll. Damals wurde noch nicht einmal mehr die Wahrheit gelehrt, sondern das, was für das System wichtig war. Die Inhalte, die den gehorsamen Soldaten und braven Bürgern beigebracht wurden, hatten in der damaligen Zeit, in der es noch kein Wikipedia gab, vermutlich sogar ihre Berechtigung. Doch heutzutage, in Zeiten, in denen wir alle Antworten besser und schneller im Internet recherchieren können, als je ein Lehrer sie uns beantworten könnte, ist Wissen nicht mehr das, was wir auf den Schulen lernen sollten. Was wir stattdessen lernen müssen ist das, worüber viele Fachpädagogen sich bereits einig sind, nämlich die sogenannten 4 K's: **kritisches Denken, Kommunikation, Kollaboration und Kreativität.**

Nur mit diesen Grundfähigkeiten sind Menschen in der Lage, ihre ganz individuellen Lebensfertigkeiten zu entwickeln, in den Mittelpunkt ihres Seins zu rücken und zu lernen, mit Veränderungen umzugehen. Nur damit gelingt es, in unbekannten Situationen immer noch auf Kurs zu bleiben und dabei sogar noch das seelische Gleichgewicht zu halten. Die industrielle Revolution hat uns allerdings Bildung in Fließbandqualität beschert. In riesengroßen Betongebäuden, die in identische Räume aufgeteilt und ausgestattet mit Reihen von Pulten und Stühlen, eher an Kasernen als Orte des Lernens und Lehrens erinnern, werden jungen Menschen tagtäglich und in langweiligster Manier Dinge beigebracht, die sie schneller im Internet suchen könnten, wenn sie sie denn überhaupt wissen wollen oder müssen.

Damit noch nicht genug: All die Menschen, die zu den Heranwachsenden über die Gestalt der Erde, die menschliche Vergangenheit oder den menschlichen Körper sprechen, sind von der Regierung bezahlt und meist verbeamtet. Menschen, die Sicherheit als Berufsmodell gewählt haben und damit auf der Skala des Mutes nicht gerade zu den führenden Persönlichkeiten gehören, unterrichten und erziehen unsere Kinder und erzählen ihnen, bewusst oder auch unbewusst, eher etwas über Sicherheit als über Mut und Risiko. Dann ist es doch nicht verwunderlich, dass genau diese Kinder, die bis zu 13 Jahre lang in diesen kasernenartigen Räumen geradezu angebunden sitzen, mehr über Sicherheit und die Unmöglichkeiten des Lebens nachdenken, anstatt mutig in die Sichtbarkeit zu springen.

Höchstwahrscheinlich bist auch du durch dieses System gepresst worden und hast darunter mehr oder weniger gelitten. **Wäre es dann nicht an der Zeit, jetzt aufzustehen und über dieses System und dessen Veränderung und Erneuerung zu sprechen? Verbesserungsvorschläge zu machen und Menschen dabei zu helfen, mit diesem System zurechtzukommen?** Mutig zu sein und als Eltern, Lehrer oder auch Nachhilfelehrer dafür zu sorgen, dass nicht noch mehr Kinder durch dieses System geschleust werden? **Ich meine JA!**

Außerdem bin ich überzeugt davon, dass der große Boom der Seminare, Veranstaltungen und Trainings im Bereich der Persönlichkeitsentwicklung, sei es Gedächtnistraining, Körpersprache oder Umgang mit Geld nicht zuletzt deswegen so umfangreich und ungebrochen ist, weil viele Menschen versuchen, auf diesem Weg die Versäumnisse, die in der Schule ihren Anfang genommen haben, wieder „gutzumachen". Noch mehr bin ich sogar überzeugt davon, dass wir diese vielen Trainings, Seminare und Botschaften da draußen gar nicht bräuchten, wenn die Schule deren Inhalte bereits vermitteln würde. Da aber genau das nicht stattgefunden hat und auch in Universitäten und Hochschulen nicht in der Art stattfindet, wie ich es mir wünschen würde, braucht es Menschen mit einer Botschaft. Menschen, die genau den Ausgleich schaffen, den wir brauchen. Menschen wie dich.

DAS GEHEIMNIS DES 4. STAPELS

Das Geheimnis des 4. Stapels

Eine der häufigsten Fragen, die mir immer und immer wieder gestellt wird, lautet: „Hermann, was macht eigentlich erfolgreiche Menschen im Vergleich zu weniger erfolgreichen aus?“ Und dann kommt meist noch eine Frage direkt hinterher: „Und wie schaffen es diese erfolgreichen Menschen, alles, was sie sich vorgenommen haben, auch umzusetzen?“

Wenn dich die Antworten auf diese Fragen ebenfalls interessieren, dann lies bitte weiter. Ach, und wenn du für dich bereits Antworten auf diese Fragen gefunden hast, würden sie mich auch sehr interessieren, dann schreibe mir doch gerne.

Denn ob es tatsächlich ein Patentrezept oder die ultimative Antwort auf diese Fragen gibt, das bezweifle ich sehr. Ich bin kein Freund von Patentrezepten. Es gibt nicht die eine, entscheidende Eigenschaft, die jemand mitbringen muss, um alles, was er oder sie anfasst, zu Gold zu machen. Doch da ich in den vielen Jahren, die ich nun schon auf dieser Welt weilen darf, bereits über 3.000 Firmen beraten durfte, zahlreiche Vorstände kennengelernt habe und auch reichlich Vorträge zum Thema „Umsetzung“ gehalten habe, erlaube ich mir an dieser Stelle doch, dich an meiner Gedankenwelt, meinen Antworten auf diese Fragen teilhaben zu lassen.

Lange Zeit habe ich überlegt, welches die Eigenschaften waren, die alle erfolgreichen Menschen, die ich kannte (und dich ich als wirklich erfolgreich betiteln würde) gemein hatten. Und tatsächlich konnte ich, und das mag jetzt erst einmal außergewöhnlich klingen, nur eine einzige Gemeinsamkeit feststellen: **Es ist die Anzahl der Stapel.**

Erfolgreiche Menschen haben maximal drei Stapel. Sie denken auch in drei Stapeln anstatt in vier. Sobald ein vierter Stapel dazukommt, wird es kompliziert, langwierig und der Erfolg bleibt aus. Jetzt fragst du dich sicher, von was für Stapeln ich hier überhaupt rede.

Lass es mich verdeutlichen: Täglich treffen wir eine Vielzahl an Entscheidungen. Angeblich summieren sich unsere Entscheidungen auf die stolze Zahl von 20.000! Zwar frage ich mich, wie diese Zahl gemessen wurde, doch nehmen wir einfach einmal an, diese Zahl ist korrekt. Du stehst also morgens auf – oder bleibst im Bett. Du ziehst dich an – oder gehst im Schlafanzug aus dem Haus. Du ziehst die blaue Jeans an – oder die schwarze. Du frühstückst Müsli – oder Spiegelei. Du willst im Urlaub auf die Malediven – oder nach Rügen. Du sagst deinem Chef heute die Meinung – oder morgen. Entscheidung reiht sich an Entscheidung. Allerdings, so einfach, wie ich es hier dargestellt habe, ist die Entscheidungsfindung leider in den wenigsten Fällen. Denn nicht nur bei großen, strategischen Entscheidungen gibt es nicht nur zwei oder drei Antwortmöglichkeiten auf Entscheidungsfragen, sondern exakt vier, zumindest für die meisten Menschen – außer eben für die erfolgreichen. Diese vier Möglichkeiten stelle ich dir nun vor:

Die erste Antwortmöglichkeit ist ein klares JA. Also stelle dir vor, jemand fragt dich, ob du an einem Seminar teilnehmen möchtest. Du empfindest das Seminarangebot als großartig, überlegst kurz, nickst und antwortest mit JA. Sehr simpel.

Die zweite Antwortmöglichkeit ist logischerweise das Gegenteil. Auf keinen Fall willst du zu diesem Seminar, also NEIN.

In meinen Augen gibt es dann noch eine dritte Antwort. Sie lautet: JA, eigentlich gerne, aber es geht gerade nicht, warum auch immer. Sei es, dass du keine Zeit, kein Geld oder kein Auto hast, um hinzukommen. Aber grundsätzlich möchtest du teilnehmen, nur eben noch nicht jetzt. Du verzögerst also das JA nur ein wenig, sprichst es aber schon aus.

Es gibt also ein JA, ein NEIN, oder ein JA, SPÄTER. Das sind die drei Antwortmöglichkeiten, die sämtliche erfolgreiche Menschen, die ich kennengelernt habe, in ihrem Repertoire hatten. Andere Möglichkeiten gab es nicht. Alle Entscheidungen, die diese Menschen treffen, fallen auf dieser Grundlage zügig und sehr klar. Sie legen also, bildlich gesprochen, ihre Antworten genau auf diese drei Stapel ab. JA, NEIN, und JA, SPÄTER.

Doch nun gibt es noch den ominösen vierten Stapel. Einen Stapel, der dazu führt, dass Antworten – und die daraus folgenden Aktionen – gar nicht erst stattfinden. Dieser Stapel heißt: Ich muss erst noch überlegen.

Ich muss erst noch überlegen! Was für ein Irrsinn, was für eine Verschwendung von Ressourcen. An Zeit, an Gedanken, an Entscheidungen und letztlich oft auch an Chancen. Dieser vierte Stapel bleibt unerledigt. Eröffnest und nutzt du diesen Stapel, wandern von Tag zu Tag immer mehr offene Entscheidungen auf die Halde der ungetroffenen Entscheidungen. Nun überlege einmal: Wenn du jeden Tag etwa 20.000 Entscheidungen triffst und jeden Tag wandern „nur" zehn davon auf diesen Stapel, hast du nach einem Jahr schon 3.650 ungetroffene Entscheidungen herumliegen. 3.650 Entscheidungen, die in 3.650 offenen Schubladen deines Gehirns darauf warten, dass du dich um sie kümmerst. Die in deinem Geist herumrumoren und sich bemerkbar machen. Los, entscheide dich endlich!

Die sowjetische Psychologin Bljuma Zeigarnik stellte fest, dass wir uns an unterbrochene Aufgaben länger erinnern als an abgeschlossene. Also stelle dir einmal vor, du erinnerst dich ständig an die 3.650 Dinge, die auf deinem vierten Stapel liegen. Damit hast du gewissermaßen 3.650 Schubladen offen. Diese offenen Schubladen blockieren deine Gedanken, ständig bist du damit beschäftigt, an diese ungetroffenen Entscheidungen zu denken, oft so sehr, dass dir für die restlichen Entscheidungen des Tages keine Kraft mehr bleibt. Das wäre so, als würde man bei dir zuhause jeden Wasserhahn gleichzeitig aufmachen. Irgendwann lässt der Druck dann nach und es kommt kein kraftvoller Strahl mehr, sondern nur noch ein Tröpfeln.

Das heißt also, du musst deine Schubladen schließen, deinen vierten Stapel abbauen oder ihn erst gar nicht entstehen lassen. Viele Menschen, die ich kenne, haben riesengroße Stapel, die sie täglich mit sich herumschleppen. Auch ich hatte früher einen solchen Stapel. Irgendwann wurde es mir dann zu bunt und ich habe beschlossen, mich um diesen Stapel zu kümmern. Mein Ziel war es, aus vier Stapeln drei zu machen. Statt „Weiß ich noch nicht, kümmere ich mich später drum“, sollten also JA´s, NEIN´s, und JA´s, SPÄTER werden.

Ich fing also an, den Stapel abzuarbeiten. Ich sagte Dinge zu, ab oder terminierte sie für einen fixen Erledigungstermin. Vieles kam in den Müll. Erledigt. Schublade zu. Es fühlte sich großartig an!

Seither versuche ich, den vierten Stapel gar nicht mehr entstehen zu lassen. Mein Leben ist dadurch so viel einfacher geworden. Es gibt keine offenen Baustellen, keine offenen Schubladen, keinen vierten Stapel mehr. Ich fälle Entscheidungen sofort und bin der festen Meinung, dass unser Leben auch nur so funktionieren kann – ohne vierten Stapel.

Wenn dir das noch zu abstrakt ist, dann stelle dir einmal vor, du flirtest gerade. Das Objekt deiner Begierde steht vor dir, die Lippen der Person spitzen sich leicht zu und nähern sich den deinen. Der Moment, in dem sich eure Lippen das erste Mal berühren könnten, ist nah. Welche Möglichkeiten hast du nun? Aus meiner Sicht nur drei.

Erstens, du nutzt die Gunst der Stunde und küsst, als ob es kein Morgen gäbe. Zweitens, du zuckst zurück und sagst vielleicht: „Tut mir leid, ich möchte dich nicht küssen, denn ich bin verheiratet." Die dritte Möglichkeit wäre nun ein: „Ja, ich möchte dich küssen, habe aber gerade einen fiesen Herpes und möchte dich nicht anstecken. Sollen wir uns in einer Woche nochmal verabreden?" Mit allen diesen Antworten ist die Sache doch klar, oder?

Machst du jetzt aber einen vierten Stapel auf, wird die Sache schwierig. Du stehst da, vor dir die gespitzten Lippen deines Gegenübers und sagst: „Hm, ich weiß nicht, ich muss es mir nochmal überlegen." Ich glaube nicht, dass das funktioniert, oder?

Also, warum machen wir diesen vierten Stapel überhaupt auf? Häufig erlebe ich Menschen auf meinen Seminaren, die schon beim Hereinkommen einen vierten Stapel aufmachen. Sie bekommen vielleicht eine spannende Information oder ein Angebot für ein weiterführendes Seminar und sagen mir dann: „Ja, eigentlich will ich das schon machen, aber ich weiß noch nicht so genau." Oder „Ja, ich will da schon hingehen, aber sicher bin ich mir nicht und ich melde mich nochmal." Oder auch

„Ja, doch, finde ich spannend, aber ich muss erst meinen Mann, meine Kinder oder meinen Hamster fragen." Von diesen Leuten höre ich meist nie wieder etwas und, sorry, wenn ich hier so ehrlich bin und etwas überspitze, aber mit diesen Menschen möchte ich auch nicht zusammenarbeiten und ich meine das sehr respektvoll. Denn ich schätze die Zeit und Entscheidungen dieser Menschen genauso wie meine und will niemanden zu irgendetwas überreden. Durch den vierten Stapel, das Zögern allerdings berauben sie sich ihrer Energie und verbrauchen enorm viel Zeit, um zu entscheiden und dann, wenn überhaupt, umzusetzen.

Denn sie haben nicht nur die Entscheidung für das Seminar auf dem Stapel, sondern noch tausend andere Entscheidungen und dadurch kommen sie nicht in die Umsetzung. Sie fassen nie richtig Fuß, zumindest nicht in der Größe und Dimension, wie sie Fuß fassen könnten. Durch die vielen offenen Schubladen, den riesigen vierten Stapel haben sie einfach keine Energie mehr, um Dinge anzugehen und umzusetzen.

Und mit solchen Menschen habe ich ein Problem. Denn in meinen Seminaren lebe ich nicht nur von dem Geld, das ich verdiene, sondern auch von meinem Ruf. Und dieser Ruf ist der, dass ich Menschen zur Marke mache, Menschen wirklich erfolgreich mache. Ich stehe mit meinem Namen dafür, dass Menschen, die den Input meiner Veranstaltungen umsetzen, signifikant mehr und signifikant schneller Geld verdienen als ohne den Input. Bei einem solchen Seminar sind daher immer zwei verantwortlich. Derjenige, der die Informationen gibt und derjenige, der sie umsetzt. Es bleibt dabei: Das Geheimnis ist Entscheidung und Umsetzung.

Gebe ich alles und stehe jemandem gegenüber, der ewig braucht, um zu überlegen, ob er überhaupt umsetzen soll oder überhaupt mitmachen soll, dann bin ich auf verlorenem Posten. Denn dieses Zögern und Zaudern, dieser hohe, vierte Stapel wirkt sich meist auch auf viele weitere Tätigkeiten dieser Person aus und sie kommt nicht voran. Ihre „time to market", ihre Zeit von der Idee bis zur Produkteinführung ist unverhältnismäßig lang, ihr fehlt die Entschlossenheit und letztlich auch die Kraft. Damit verschwenden diese Menschen mindestens 80 bis 90 Prozent ihres Potenzials und ihrer Fähigkeiten.

Deshalb ist es mir ein so großes Anliegen, dass du nicht damit anfängst, einen vierten Stapel aufzubauen. Ich möchte, dass du schnelle Entscheidungen triffst. Nicht meinetwegen, sondern um deine Energie und deine Kraft voll zu nutzen.

Stelle dir vor, du schleppst ständig offene Entscheidungen mit dir herum. Du hast 30 Projekte, über die du noch nachdenken musst. Du hast zwei Menschen, die du gerne küssen würdest. Du möchtest ein neues Auto kaufen, aber welches? Du überlegst und überlegst und überlegst und dein Stapel wächst und wächst und wächst und saugt deine gesamte Lebensenergie weg. Deine gesamte Energie – futsch für Überlegungen, anstatt für Umsetzung. Unser Leben ist zu kurz, um Dinge nur zu überdenken. Wir sollten sie tun. Oder nicht.

Wahrscheinlich hast du schon einmal davon gehört, dass Menschen am Ende ihres Lebens häufig reflektieren, was sie bereuen. Und die meisten Menschen bereuen nicht das, was sie getan haben, sondern das, was sie nicht getan haben. Also bitte: nicht grübeln, sondern handeln. Nicht überlegen, sondern küssen. Nicht zaudern, sondern entscheiden. **JA, NEIN oder JA, SPÄTER. Mehr Auswahl gibt es nicht.**

Sei Unternehmer und kein Unterlasser.

WOFÜR BIST DU ANGETRETEN?

Wofür bist du angetreten?

Viele Menschen auf dieser Welt haben alles gegeben, sogar ihr Leben, um mit ihrem Schaffen und ihrem Werk einen Beitrag dazu zu leisten, dass nicht nur sie selbst, sondern alle Menschen vorangekommen sind. Sie haben dafür gesorgt, dass die Menschheit sich heute dort befindet, wo sie sich befindet. Bis heute sind das knapp 100 Milliarden Menschen, die dafür angetreten sind, dass es ihren Kindern einmal besser gehen soll, als es ihnen ging. Knapp ein Zehntel lebt noch und arbeitet an diesem Traum. Die anderen 90 Milliarden Menschen haben ihren Traum ausgeträumt und sind gestorben. Das sind 90 Milliarden Gräber, auf denen wir täglich bewusst oder unbewusst wandeln. Und es ist aus meiner Sicht eine 90-milliardenfache Verantwortung! Die meisten von uns sind dafür angetreten, die Welt voranzubringen. Wir möchten sie besser hinterlassen, als wir sie vorgefunden haben. Also lautet meine konkrete Frage an dich heute: Wofür bist du angetreten? Warum bist du hier auf dieser Erde? Was und wen willst du bewegen?

Denke doch einmal daran, was die menschliche Schöpferkraft schon alles bewegt hat. Welche Kriege aus welchen Überzeugungen heraus auch immer geführt wurden. Wie viele Länder erobert und besiedelt wurden und unendlich viele Lebenswerke, die geschaffen wurden: die Bibel, die Erzählungen aus Tausendundeiner Nacht, Dantes Göttliche Komödie, Robinson Crusoe, die Leiden des jungen Werther, Casanovas Geschichten, Moby Dick, Alice im Wunderland, die Buddenbrooks und der Steppenwolf. Kafkas Schloss und Don Quixote.

Doch damit nicht genug – denke auch an die Gestirne, die erkundet wurden, die Mona Lisa, die gemalt wurde, den David, der aus einem Stück Stein herausgemeißelt wurde, die Pyramiden, die aus selbigem errichtet wurden, die Chinesische Mauer, die Golden Gate Bridge, das Taj Mahal, den Eiffelturm, die Freiheitsstatue, den Petersdom, das Kolosseum in Rom, die Tempelanlage Angkor Wat in Kambodscha, den Potala Palast in Tibet, den Dogenpalast von Venedig, das Burj Khalifa und sogar das Hofbräuhaus.

Wie würde unsere Welt aussehen, wenn es die menschliche, handwerkliche Schöpferkraft nicht gäbe? Es gäbe keine Werkzeuge, keine Räder, keine Häuser, keine Maschinen, es gäbe nichts, rein gar nichts. Schaue für einen Moment auf all das, was Handwerk, Wirtschaft, Wissenschaft und die Kunst erschaffen haben und die Menschen, die dahinterstanden, Sokrates, Leonardo da Vinci, Mahatma Gandhi, Aristoteles, Winston Churchill, Nelson Mandela, Alexander der Große, John F. Kennedy, Dschingis Khan, Albert Einstein, Jeanne d'Arc, die Beatles, Steve Jobs, Karl der Große und Jesus Christus. Dabei nicht zu vergessen all die Ungenannten oder Unbekannten und vor allem deine Vorfahren, die auch ihre Sehnsüchte hatten: deine Großeltern, dein Opa, deine Oma, dein Vater und deine Mutter. Sehnsüchte und Träume – genau wie du.

Du bist kein Solitär. Es gibt zahlreiche Menschen um dich herum, eben jene Vorfahren, die kraftvoll hinter dir stehen und deine Nachkommen, die da noch kommen werden. Zwar kannst du tun und lassen, was du willst, aber bedenke: Da du dein Leben auf den Schultern von Generationen lebst, darfst du dein Leben nicht einfach vorbeiziehen lassen. Zweifle nicht an dir und zweifle niemals daran, dass eine einzige Person oder kleine Gruppe von Menschen die Welt verändern kann. Genau das ist das Einzige, was bisher funktioniert hat – und nun bist du dran.

Vielleicht bist du auch eines Morgens aufgewacht und hast festgestellt, dass das Leben, das du lebst, gar nicht mehr das ist, für das du angetreten bist. Du hast vergessen, wovon du als Kind geträumt hast. Hast vergessen, wie sehr du die Welt verändern wolltest, bevor die Welt dich verändert hat. Wie oft hast du schon an Flughäfen oder Bahnhöfen gestanden und deine Sehnsucht und deine Träume auf Reisen geschickt, bist aber selbst zu Hause geblieben? Trenne dich nie von deinen Illusionen und Träumen, denn wenn sie verschwunden sind, wirst du zwar weiter existieren, aber aufgehört haben zu leben. Hast du in deinem Leben genug getanzt, genug Spaß gehabt? Erinnere dich: Als Kind hast du dir versprochen, etwas aus deinem Leben zu machen. Nun aber läufst du Gefahr, dich selbst zu enttäuschen, wenn du so weitermachst, wie bisher.

Überlege also gut und sei ehrlich zu dir selbst: Was möchtest du anfangen mit diesem, deinem Leben? Wofür stehst du? Wo stehst du? Wofür hast du dich auf den Weg gemacht oder wofür willst du dich auf den Weg machen? Was willst du schaffen und erreichen? Was ist wirklich wichtig für dich? Worauf richtet sich dein Fokus und wer ist eigentlich die wichtigste Person in deinem Leben? Überlege an dieser Stelle gerne einmal, wer dir alles einfällt:

- Deine Eltern?
- Dein Partner oder deine Partnerin?
- Deine Kinder?
- Deine besten Freunde?
- Dein Arbeitgeber?
- Deine Kunden?

Alles wichtige Personen, da stimme ich dir absolut zu. Doch bitte überlege noch einmal. Wer ist WIRKLICH die wichtigste Person in deinem Leben? Ohne wen wärst du nicht du? Ohne wen wäre dein Leben sinnlos? Ohne wen könntest du nicht sein?

Die wichtigste Person in deinem Leben bist du. Du allein.

Natürlich sind wir alle in Laufe unseres Lebens auf unterschiedlichste Menschen angewiesen. Liegst du nackt und schreiend als Baby in deiner Wiege wird es schwierig für dich, wenn du niemanden hast, der sich um dich kümmert. In deinem Familienumfeld bist du geborgen und wächst heran, um dich später mit Freunden und einem Partner oder einer Partnerin zu umgeben oder auch dein Leben glücklich allein zu verbringen. Du suchst dir einen Job oder machst dich selbstständig, kümmerst dich um deine Kunden. Ohne Frage, in deinem Umfeld befinden sich zahlreiche, wichtige Menschen. Doch ohne DICH kannst du nicht sein.

Leider erkennen viele nicht, wie großartig und wichtig sie sind. Wie viel sie der Welt zu geben hätten, wenn sie doch nur sichtbar wären. Wenn sie sich nicht verstecken würden hinter ihren Eltern, ihren Freunden oder ihrem Arbeitgeber. Darum feiere dich! Jeden Tag! Du bist du und niemand sonst macht das so gut wie du selbst. Also, wer ist der wichtigste Mensch in deinem Leben? Es wäre doch schade, wenn die Welt von dieser Person nichts erfährt.

Gib deiner Sehnsucht nach, lass dich von ihr führen. Lebe dein Leben, mit all seinen Träumen, Ängsten und Wünschen. Worauf wartest du noch? **Die Party hat längst begonnen, also mache dich auf den Weg. Deinen Weg.**

WIRKLICH?

Wirklich?

Auch du warst einmal ein Kind, genauso wie ich. Und wir alle haben uns doch als Kinder etwas versprochen, als wir in diese Welt geboren wurden. **Wir haben uns versprochen, unser Licht zum Leuchten zu bringen.** Das zu tun, wofür unsere Seele angetreten ist. Wir haben uns versprochen, unsere Träume zu verwirklichen. Versprechen heißt auf Englisch to promise. Und einer meiner Lieblings-Parfumdüfte heißt ebenfalls Promise. Der Flakon ist mit einem Zeichen beschriftet und ich habe vor einiger Zeit nachgeforscht, was dieses Zeichen genau bedeutet. Das Zeichen auf dem Flakon kommt aus dem arabischen Raum und bedeutet so viel wie: Das Wort, das du gegeben hast, gilt.

Aus meiner Sicht gelten allerdings nicht nur die Worte und Versprechen, die wir uns gegeben haben und nicht nur die Worte und Versprechen, die du anderen gegenüber abgegeben hast, gelten, sondern auch die Worte und Versprechen, die du dir selbst gegeben hast. Du BIST dein Wort und du selbst hast dir einmal etwas versprochen, auch wenn du es vielleicht heute nicht mehr weißt, weil es unter unendlich vielen Zweifeln und Ängsten vergraben ist. Um es wieder auszugraben und das zu halten, was du dir selbst versprochen hast, brauchst du Mut, Kraft, Disziplin und Durchhaltevermögen. **Disziplin ist die Entscheidung zwischen dem, was du jetzt willst und dem was du wirklich willst.** Ich weiß, dass es viel leichter scheint, dein Wort nicht zu halten, dein Versprechen zu brechen als den Mut zu haben, es durchzuziehen. Viele Menschen leben deshalb arm an Mut, in Armut. Weil sie keinen Mut haben, Dinge durchzuziehen, belügen sie sich selbst. Sie werden zum Verwalter statt Gestalter ihres Lebens. Sie passen sich der Norm an, werden zum Durchschnitt, zu vielen, zur Masse, wenn überhaupt.

Aus dieser Norm herauszubrechen, der eigenen Bestimmung zu folgen und die innere Bühne, dein Versprechen dir selbst gegenüber nach außen zu tragen, dafür brauchst du eine gehörige Portion Mut. Um erfolgreich zu sein, brauchst du ebenfalls Mut, viel mehr Mut, als du benötigst, um Durchschnitt zu sein. Deutlich einfacher ist es, nicht erfolgreich zu sein und wer nicht erfolgreich ist, ist gerne ein Opfer. Opfer haben immer Begleitung und Aufmerksamkeit. Leiden ist leichter als lösen! Da es leichter ist, in der Opferrolle zu verharren, deponieren viele das Drehbuch ihres Lebens in der untersten Schublade, versteckt vor der Welt. Sie geben die Regie ihres Lebens ab und befinden sich damit leider in guter Gesellschaft, denn Opfer kommen in Rudeln, erfolgreiche Menschen sind oft einsam. Auch, wenn das jetzt hart klingt: Erfolg schafft Verachtung! Plötzlich bist du kein Mittelmaß mehr, nicht mehr angepasst und normal. Das passt vielen nicht. Sie wollen dich so haben, wie du warst, durchschnittlich, bequem und angepasst. Im Mittelmaß bist du so wie alle anderen. Du kleidest dich wie alle anderen, denkst wie alle anderen und handelst so wie alle anderen. Begibst dich dorthin, wo alle hingehen, hinein in die glorifizierte „goldene Mitte". Die „goldene Mitte", die bereits verstopft ist, weil sich dort so viele Menschen tummeln, die nie den Mut hatten, aus dem Mainstream auszubrechen.

Menschen reden nicht über Verlierer. **Gehörst du zur großen Masse der „goldenen Mitte, dann wird man sich nicht über dich unterhalten.** Ganz im Gegenteil, du wirst untergehen in der Normalität, im Uninteressanten, im Mittelmaß. Gewinnst du aber, reden sie über dich. Nicht immer nur positiv. Doch kannst du davon ausgehen: Je mehr Menschen über dich reden, umso mehr ist es ein Zeichen dafür, dass du auf der Gewinnerseite stehst. Dass du für dich selbst einstehst, deinen Standpunkt vertrittst, aus der Masse hervorstichst. Wo also willst du weiterleben? Findest du den Mut, nicht mehr normal und angepasst zu sein?

Den Mut dazu, das Potenzial, das du hast und das dir von Gott, dem Universum oder wie auch immer du es nennen möchtest, geschenkt wurde, zu nutzen? Hast du den Mut, die Frage: „Was werden die Leute denken" für dich richtig zu beantworten? Oder sie dir gar nicht mehr zu stellen? Es war immer ein „Trotzdem" – es eben trotzdem zu machen, egal was dagegen sprechen könnte.

Es braucht Mut, anders zu sein. Mut, dorthin zu gehen, wo du noch nie warst. Weg von der „goldenen Mitte", auf zu neuen Ufern. Mut, um deine Botschaft zu suchen, zu finden und sie sichtbar zu machen. Mut, um außergewöhnlich, weise, reich und erfolgreich zu sein. Als Architekt deines eigenen Lebens hast du es in der Hand. Stell dich auf die Bühne deines Lebens! **Es liegt an dir, diesen Mut zu haben, für dich einzustehen und deine Träume wahrzumachen.** Dein Versprechen zu halten, deinen Kindern in die Augen zu sehen und ihnen zu zeigen, dass du dein Licht zum Leuchten gebracht hast. Es braucht Mut, du selbst zu sein.

ACTION

Action

Und jetzt? Was bringt dich in Aktion?

Einige Jahre lang durfte ich für die Management-Design-Group in Kalifornien arbeiten. Dort war ich Mitdozent eines fünftägigen Programmes, das 80.000 Dollar kostete. Ein einziger Tag kostete die Teilnehmenden sagenhafte 16.000 Dollar! Eine Wahnsinnsinvestition, die für viele Menschen damals und auch heute noch absolut unvorstellbar ist. Noch unvorstellbarer war allerdings, dass während des Trainings die Menschen, die diese unglaubliche Summe bezahlt hatten, immer wieder die eine Frage aufbrachten: What drives to action? Also: Was bringt dich in Aktion, ins Handeln?

Was ist das große Geheimnis, das uns Menschen handeln und umsetzen lässt? Das uns voranbringt und uns, wie wir es so schön sagen, „unsere PS auf die Straße" bringen lässt? Was ist die Frage, von der letztlich alles abhängt? Die Frage, von der abhängt, ob du dieses Buch nun zuklappst, auf die Seite legst oder ins Regal stellst und weiter dein Leben lebst, als ob nichts gewesen ist? In den Seminaren dauerte es oftmals ganze zwei Tage, um der Antwort auf diese Frage nahezukommen. Zwei Tage oder auch 32.000 Dollar. Und vielleicht war es auch nötig, zwei Tage lang an der Antwort zu arbeiten und dafür 32.000 Dollar zu investieren, um an die Antwort zu kommen.

Da ich dich aber nicht noch zwei Tage länger auf die Folter spannen möchte, verrate ich dir hier und jetzt genau diese Antwort, das Erfolgsgeheimnis, ohne, dass du noch eine Minute länger überlegen oder 32.000 Dollar dafür bezahlen musst. Die Antwort auf die Frage, was dich ins Handeln, in Aktion bringt, die Antwort auf die Frage: What drives to action ist, und bitte, sieh es mir nach, denn die Antwort ist so einfach, so banal und so klar:

Action!

Schon Goethe schrieb: Es gibt nichts Gutes, außer man tut es. Deshalb schließe ich auch mit diesen Worten. Denn ich habe alles gegeben und versucht, dir klarzumachen, wie wichtig und wertvoll du mit deinem Tun und deinem Sein bist und wie wichtig es ist, all das sichtbar zu machen, nicht mehr auf deinen „Toxi" zu hören, sondern deine Ängste zu überwinden und den Mut zu finden, den ersten Schritt auf deinem ganz individuellen Weg zu gehen.

Du bist jetzt dran! Genau jetzt. Denn den ersten Schritt in Richtung deiner Sichtbarkeit, den ersten Schritt, der Welt zu zeigen, was in dir steckt, das herauszulassen, was vielleicht heute noch in dir schlummert und morgen schon Menschen, nein sogar die Welt inspirieren und verändern kann, den bist du längst gegangen: Du hast dieses Buch gelesen. Du weißt nun, warum es so wichtig ist, dich sichtbar zu machen und deine Botschaft nach draußen zu tragen. Damit nicht nur du, sondern viele weitere Personen davon profitieren können, dass du sichtbar wirst und bist. Ganz ohne Ängste, ohne Zweifeln, ohne „Toxi". Jetzt bist du dran, mit deiner Aktion. **Triff jetzt die Entscheidung zu einem JA, einem NEIN oder einem JA, später.** Aber lege diese Entscheidung bitte nicht auf einen vierten Stapel. Wenn du also jetzt JA gesagt hast und wissen möchtest, wie du deiner Sichtbarkeit einen Turbo verpasst, wenn du jetzt wissen möchtest, wie du deinem „Toxi" für immer einen Maulkorb verpasst und wenn du jetzt wissen möchtest, welche großartigen Fähigkeiten noch in dir schlummern, die sichtbar gemacht werden möchten, nein sichtbar gemacht werden müssen, dann gibt es aus meiner Sicht für dich nur eine Option. Ein klares JA. Ein klares JA zur dir. Ein JA zu deiner Einzigartigkeit. Ein JA zu deinen Macken. Ein JA zur Überwindung von allen Ängsten, allem Zaudern und allem Zögern, dass dich noch zurückhält. **Ein JA zu ACTION.**

Also gehe jetzt auf **www.hermannscherer.com/action**
und mache den nächsten Schritt in Richtung Sichtbarkeit.

Ich wünsche dir viel Erfolg. Wir sehen uns.
Dein Hermann Scherer

WER IST HERMANN SCHERER?

Keiner hat mehr Redner in Deutschland auf die Bühnen gebracht als Hermann Scherer. Nach über 3.000 Vorträgen vor rund zwei Million Menschen in über 3.000 Unternehmen in über 30 Ländern, 60 Büchern in 21 Sprachen, 1.000 Pressebeiträgen 50.000.000 Euro Umsatz, 9.000 Hotelübernachtungen, 10.000.000 Flugmeilen und Lehre an 18 europäischen Universitäten hat er über 40 Menschen auf die Liste der TOP 100 Erfolgstrainer begleitet und über 100 auf die TOP-500-Liste geholfen. Er macht Menschen zu Marken, damit sie das verdienen, was sie wert sind, und die Bühnen dieser Welt erobern.

Für mehr Infos, schreibe eine Mail an **info@hermannscherer.com** oder besuche **www.hermannscherer.com.**

FÜR TÄGLICHE INSPIRATION

FOLGE MIR

hermannscherer_official

Hermann Scherer
Community

Hermann Scherer

Hermann Scherer

DER HERMANN SCHERER PODCAST

Shutterstock:

Pikovit: S. 6 ff., S. 10, S. 19, S. 24, S. 28, S. 33, S. 36, S. 46, S. 49, S. 57, S. 62, S. 66, S. 71, S. 88, S. 83, S. 91, S. 100, S. 106, S. 111, S. 120, S. 124, S. 128, S. 133, S. 137, S. 145 S. 149, S. 157, S. 162, S, 170 f.

Freud: S. 21, S. 30, S. 43, S. 52, S. 60, S. 65, S. 68, S. 89, S. 99, S. 104, S. 115, S. 122, S. 131, S. 141, S. 156, S. 159, S. 167, S. 169, S. 171

Nedjo Radic: S. 172